COMO DIBUJAR MANGA

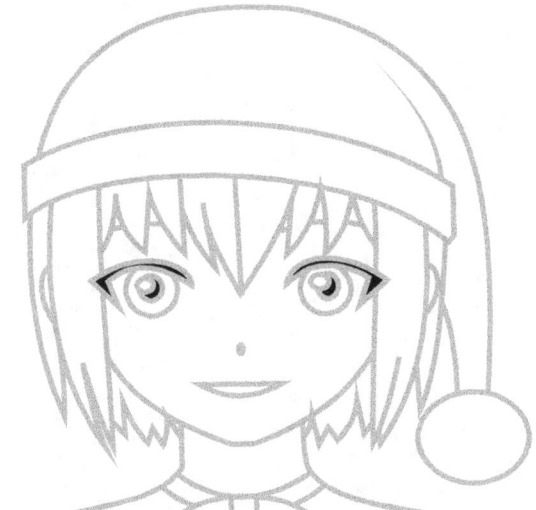

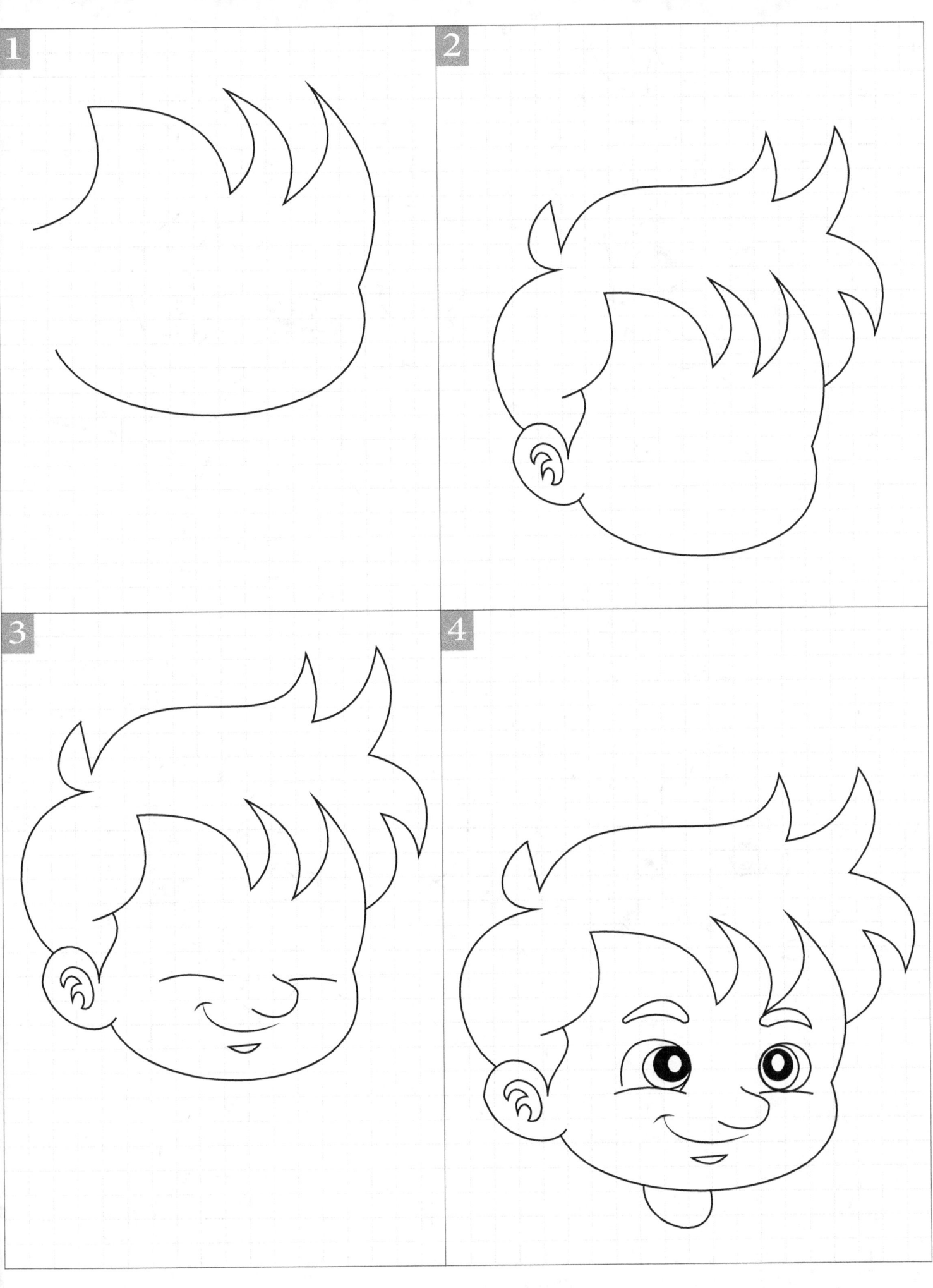

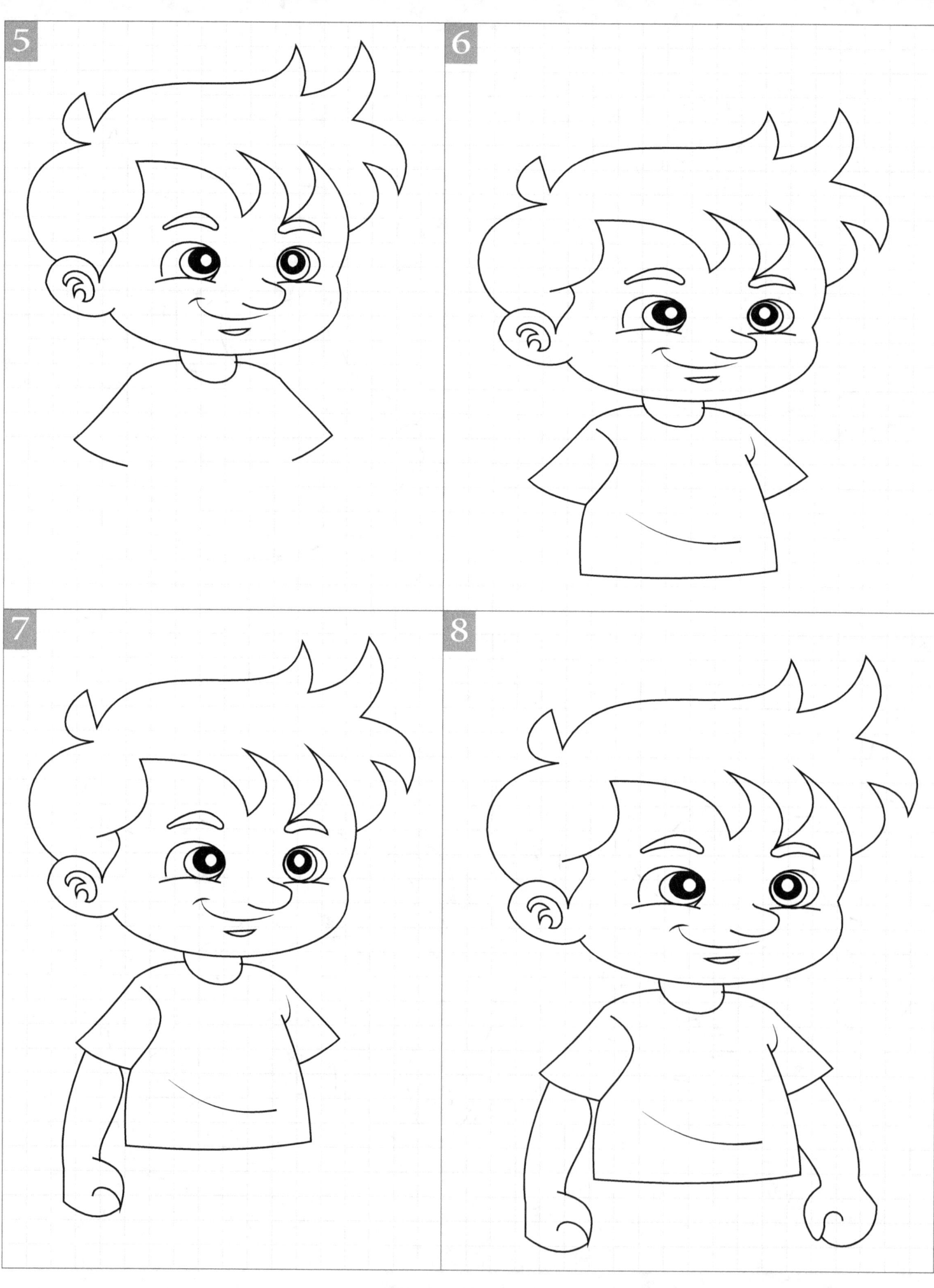

Sigue los pasos y dibuja tú mismo

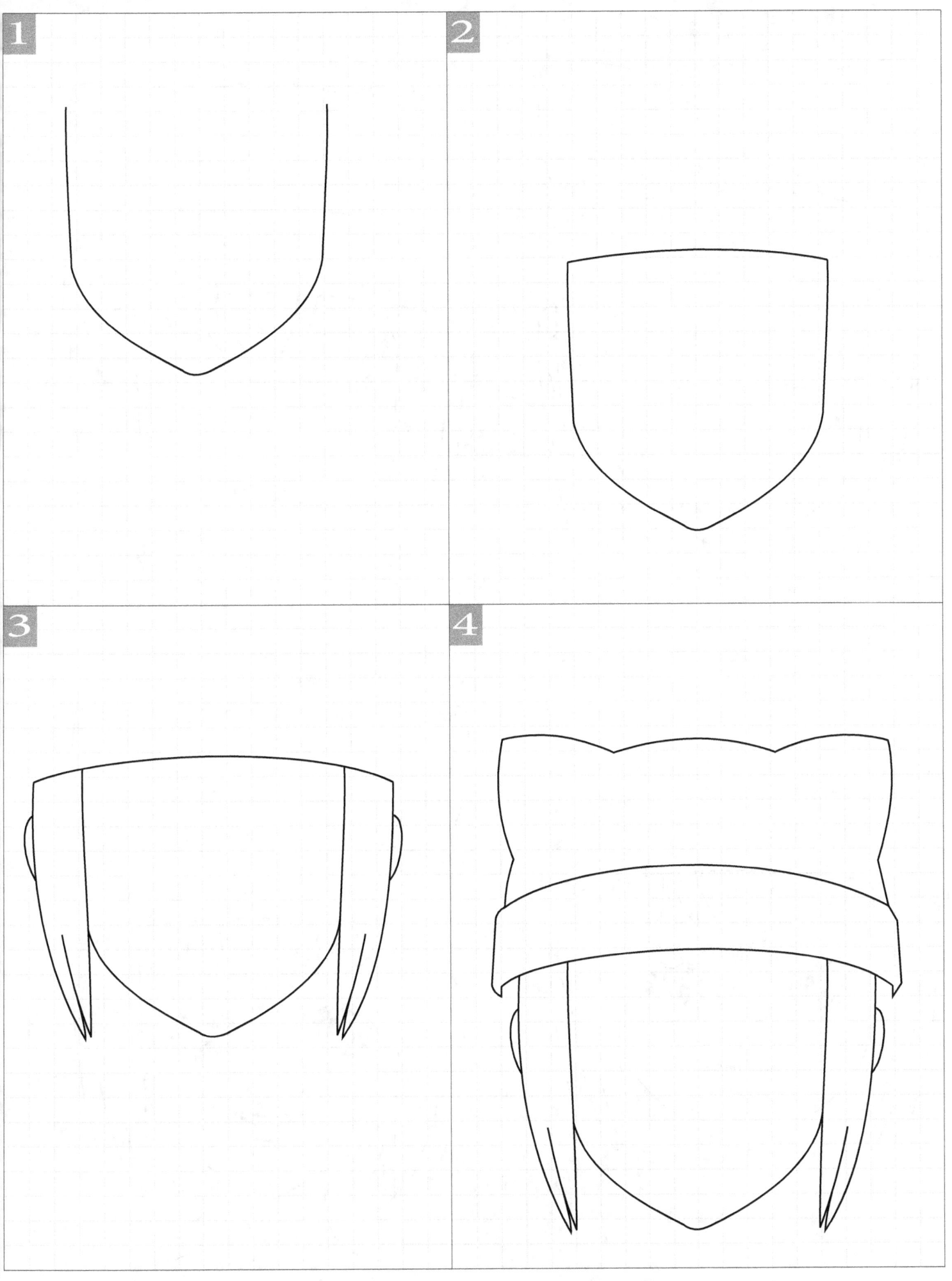

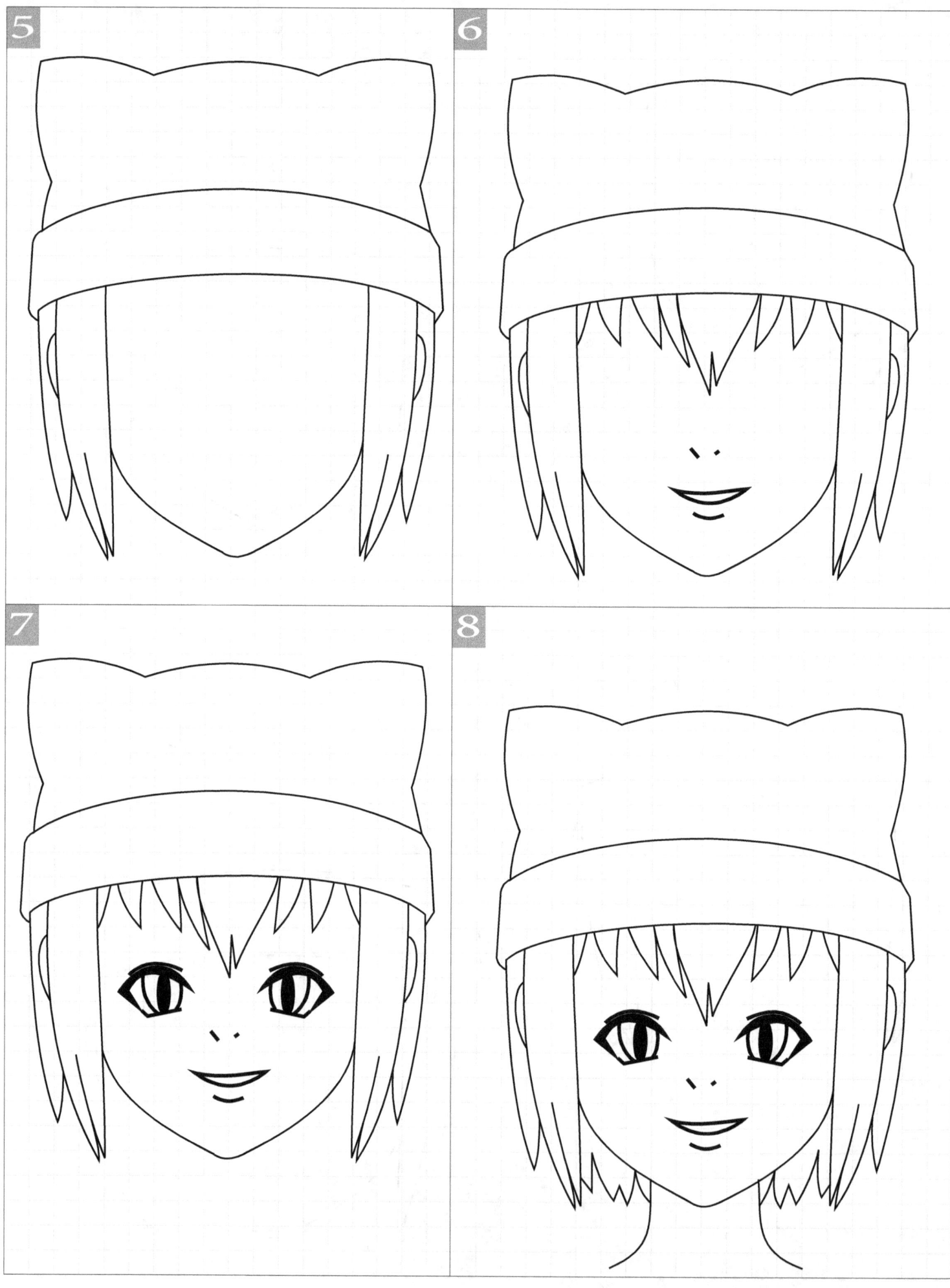

Sigue los pasos y dibuja tú mismo

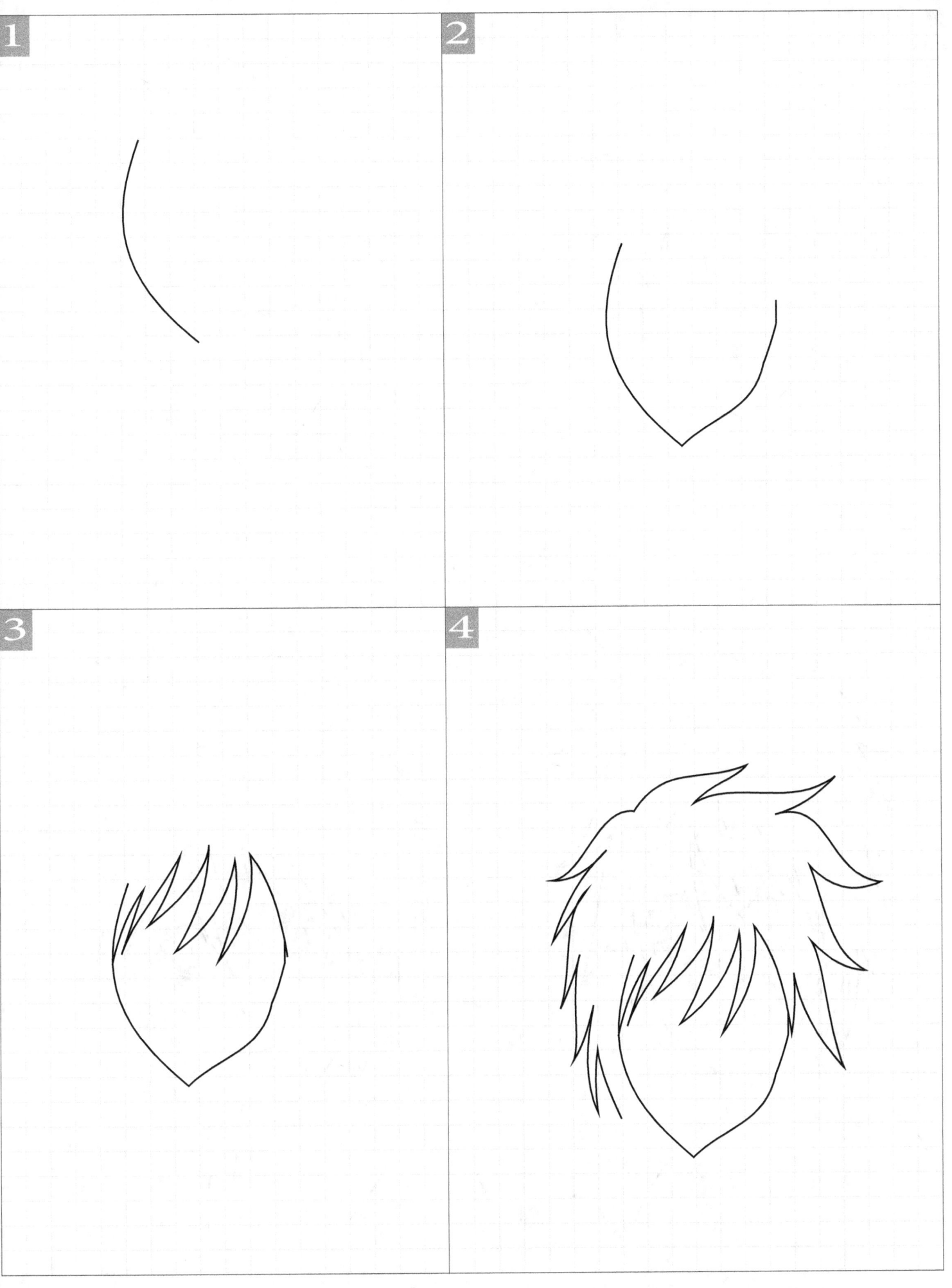

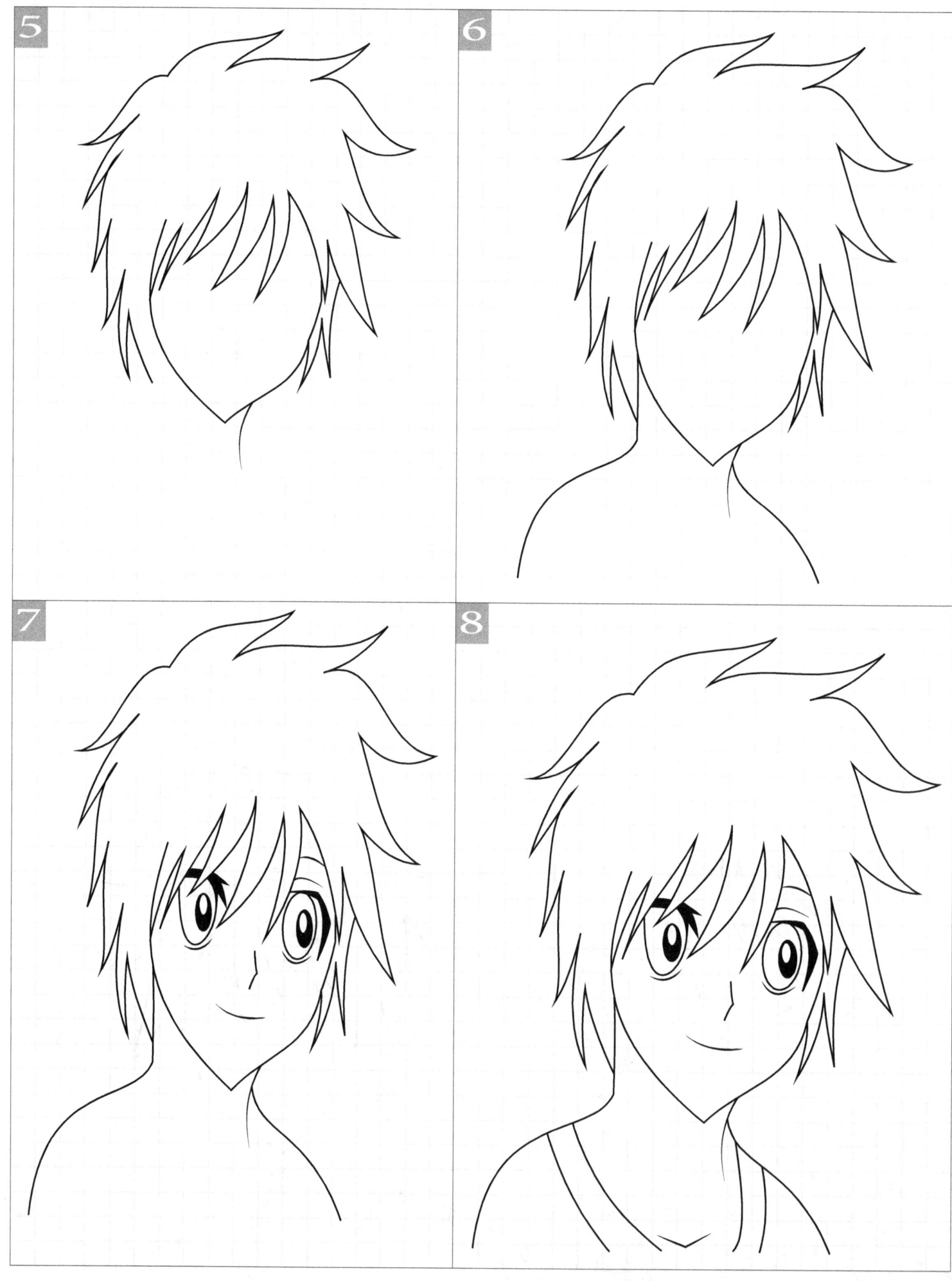

Sigue los pasos y dibuja tú mismo

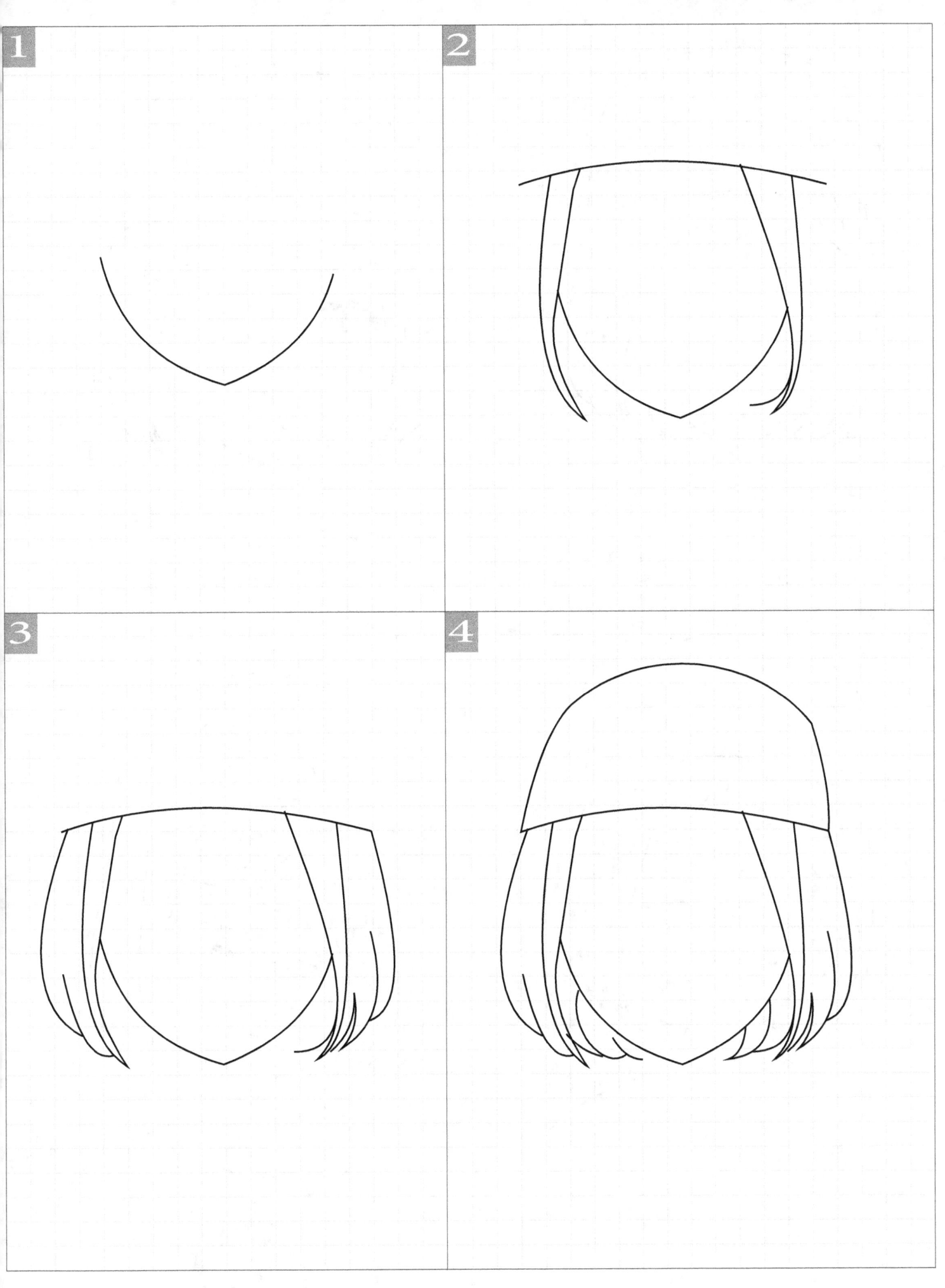

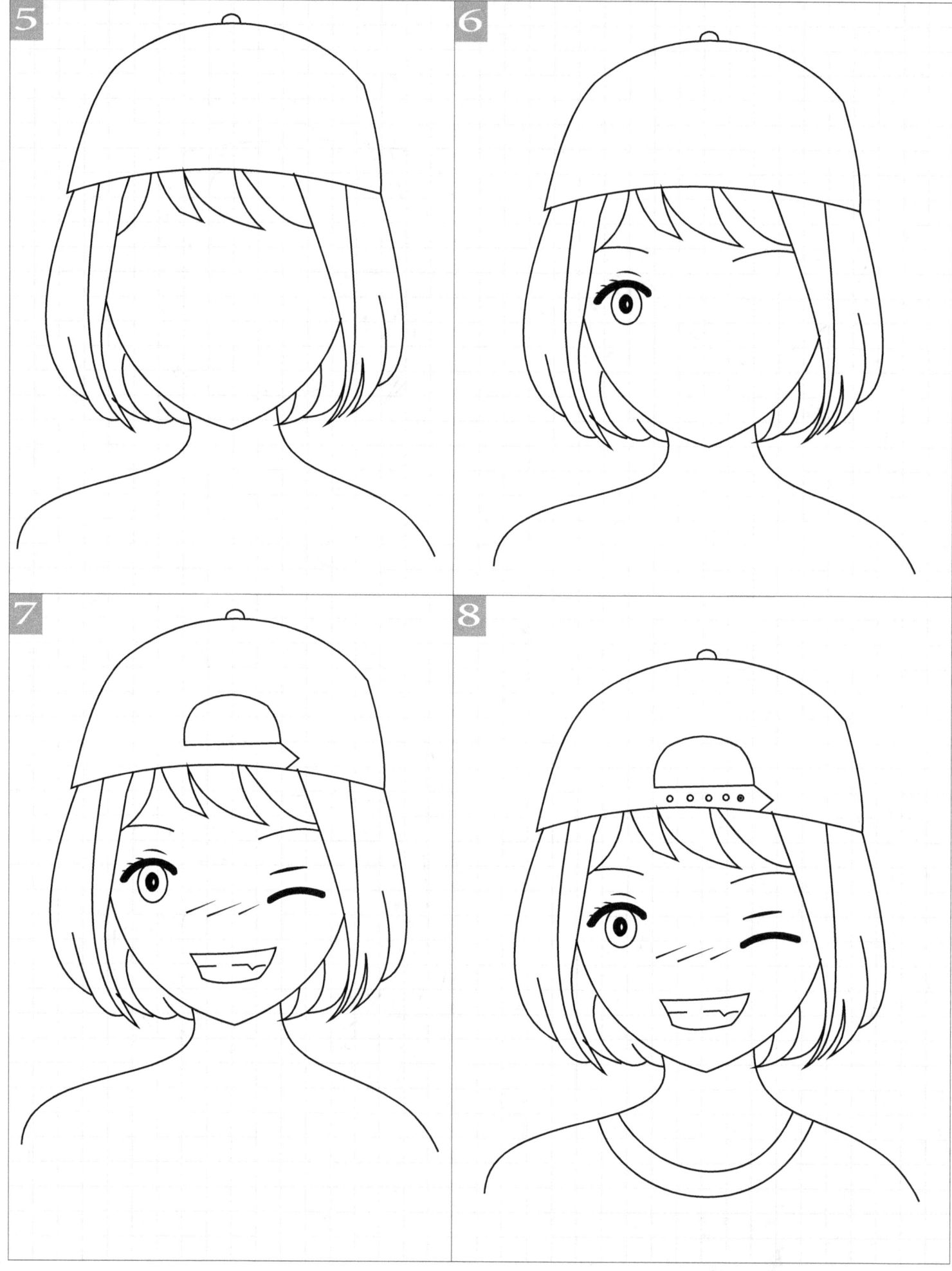

Sigue los pasos y dibuja tú mismo

1

2

3

4

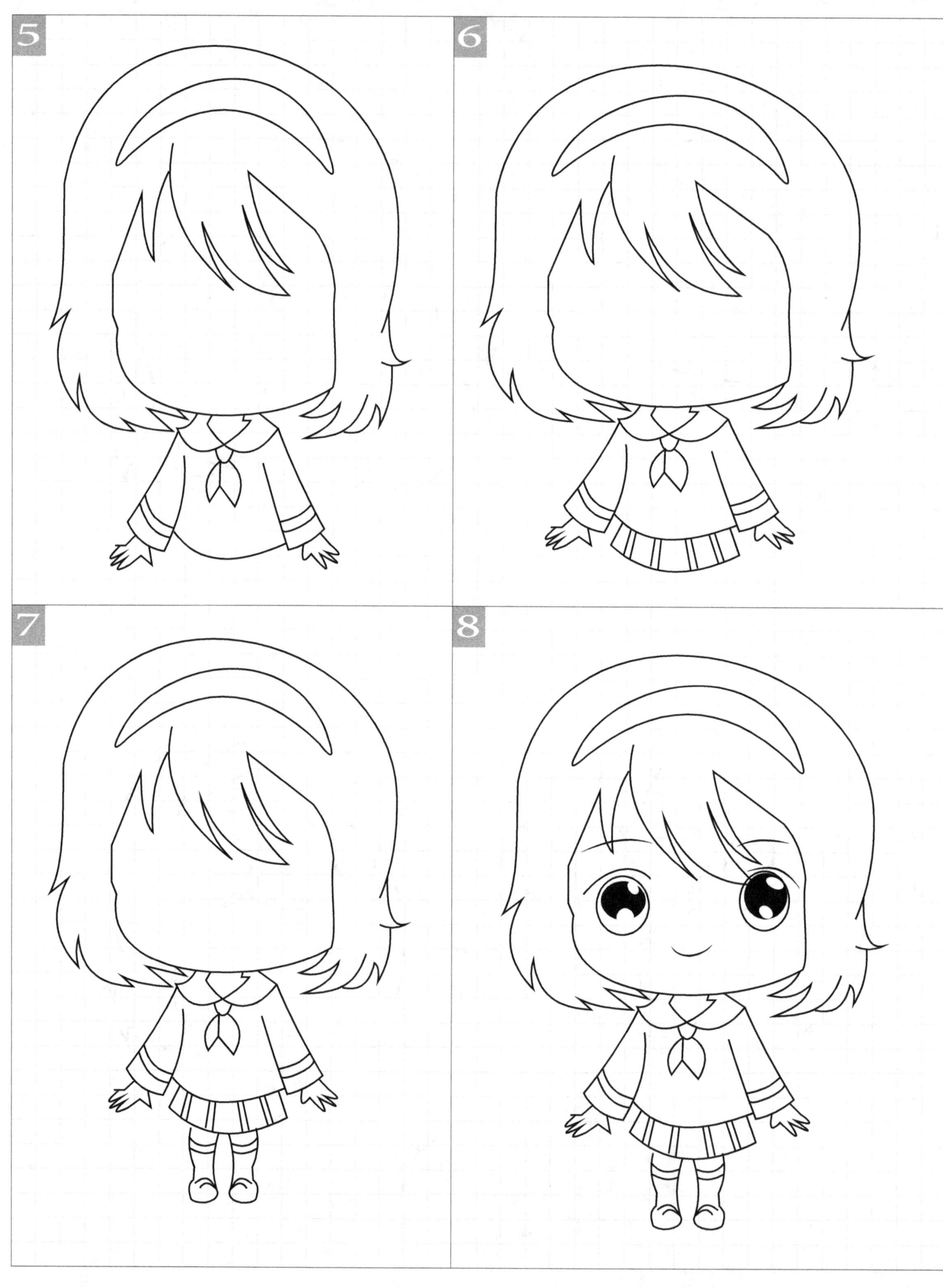

Sigue los pasos y dibuja tú mismo

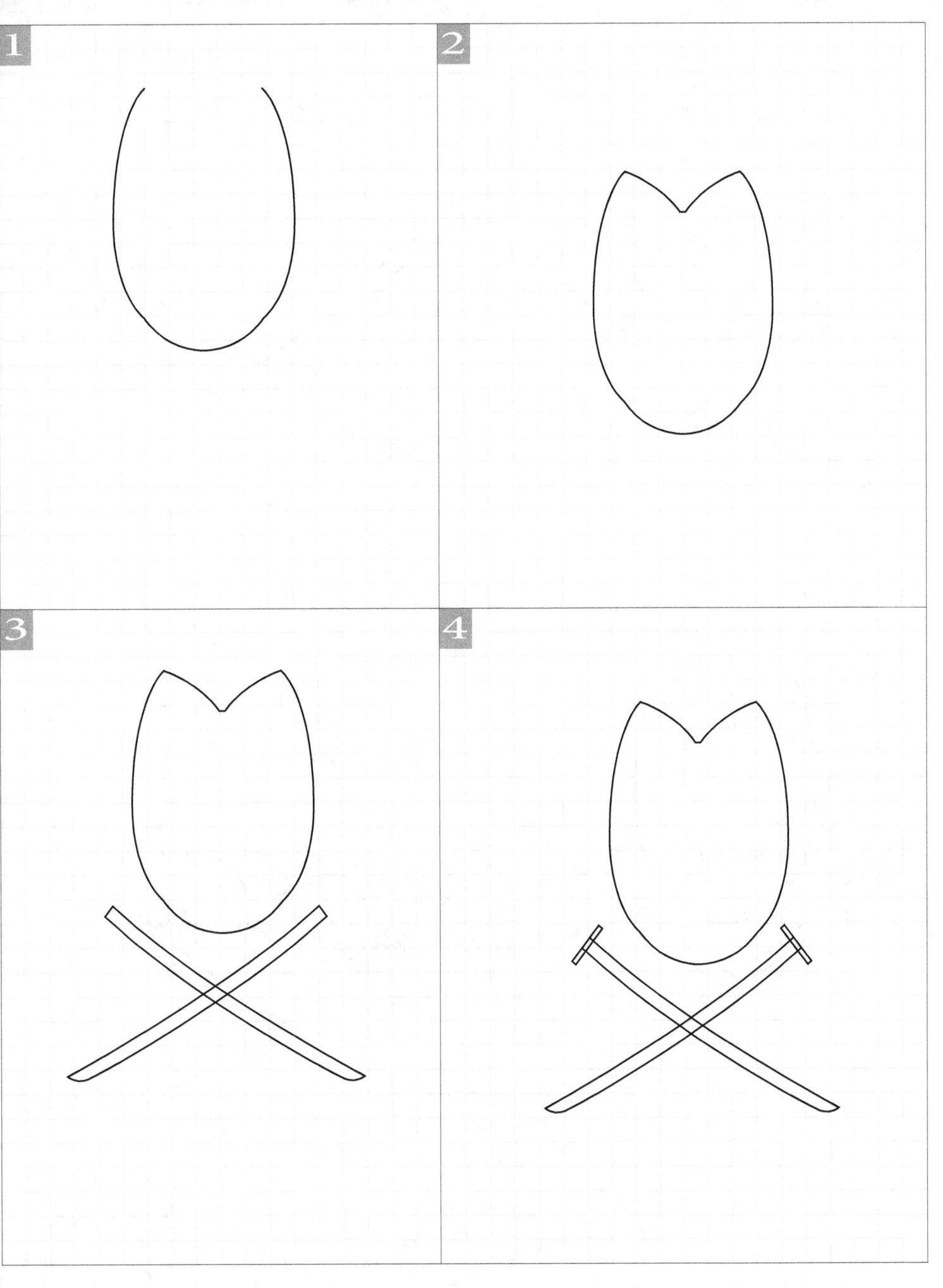

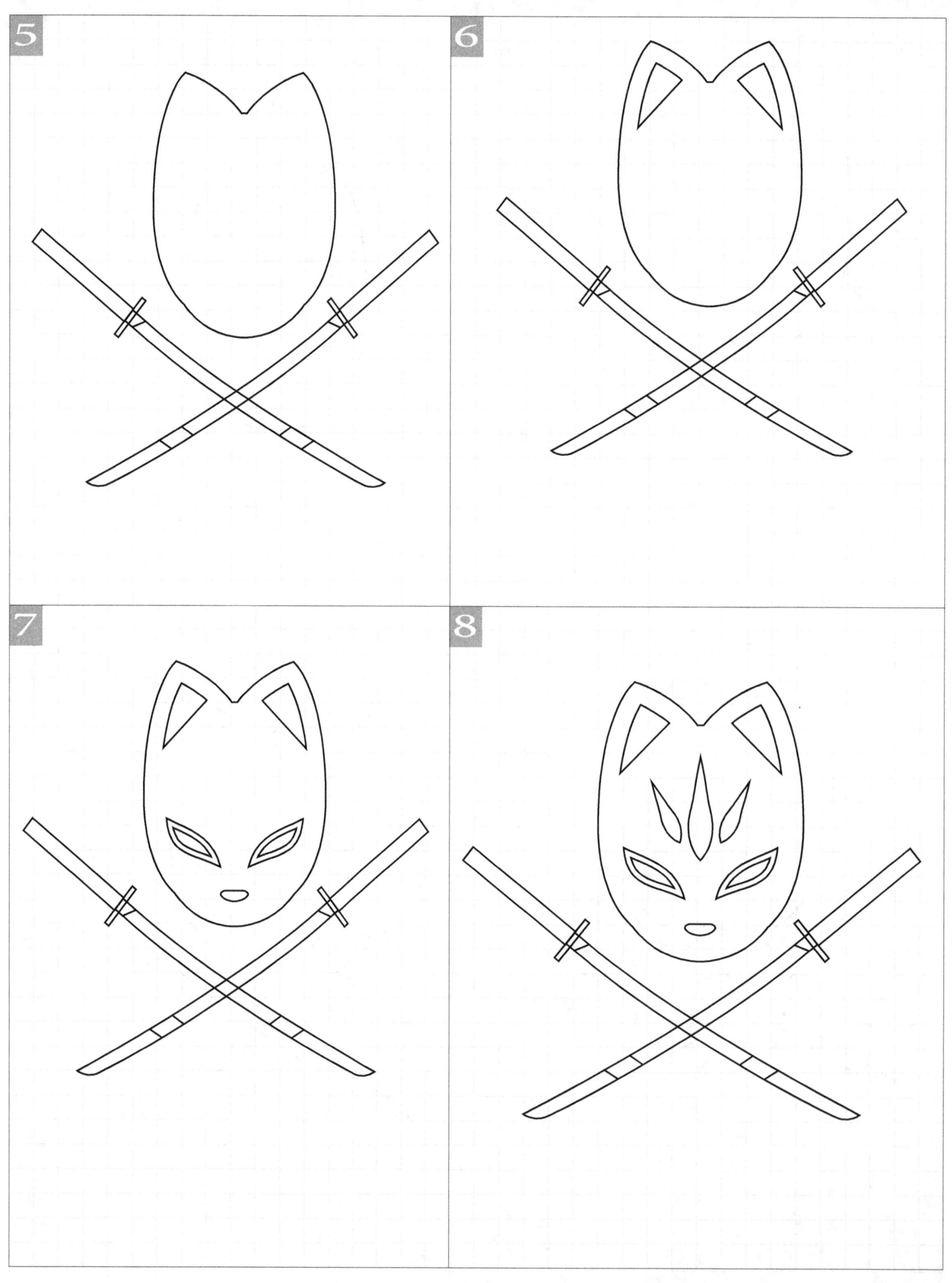

Sigue los pasos y dibuja tú mismo

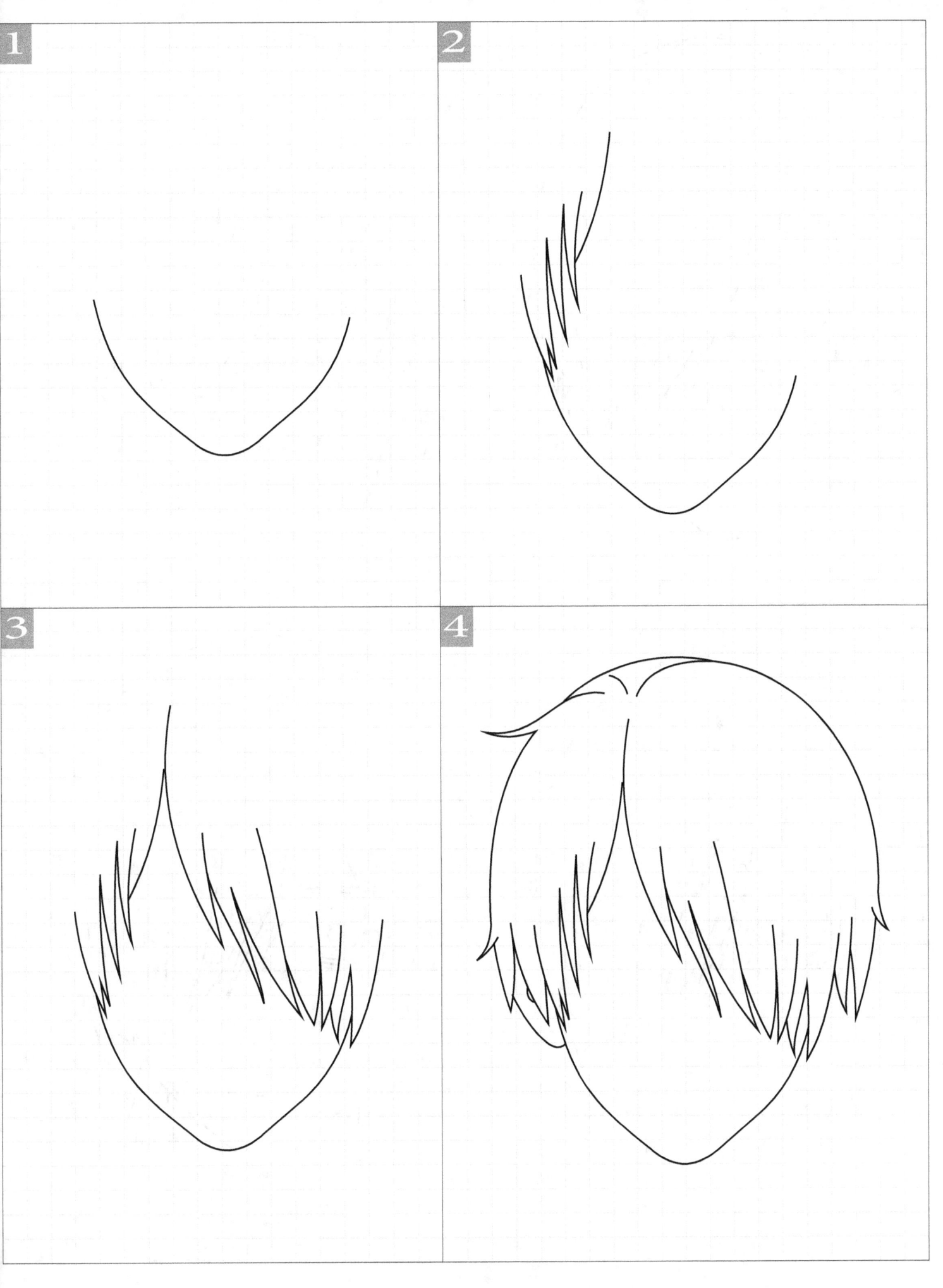

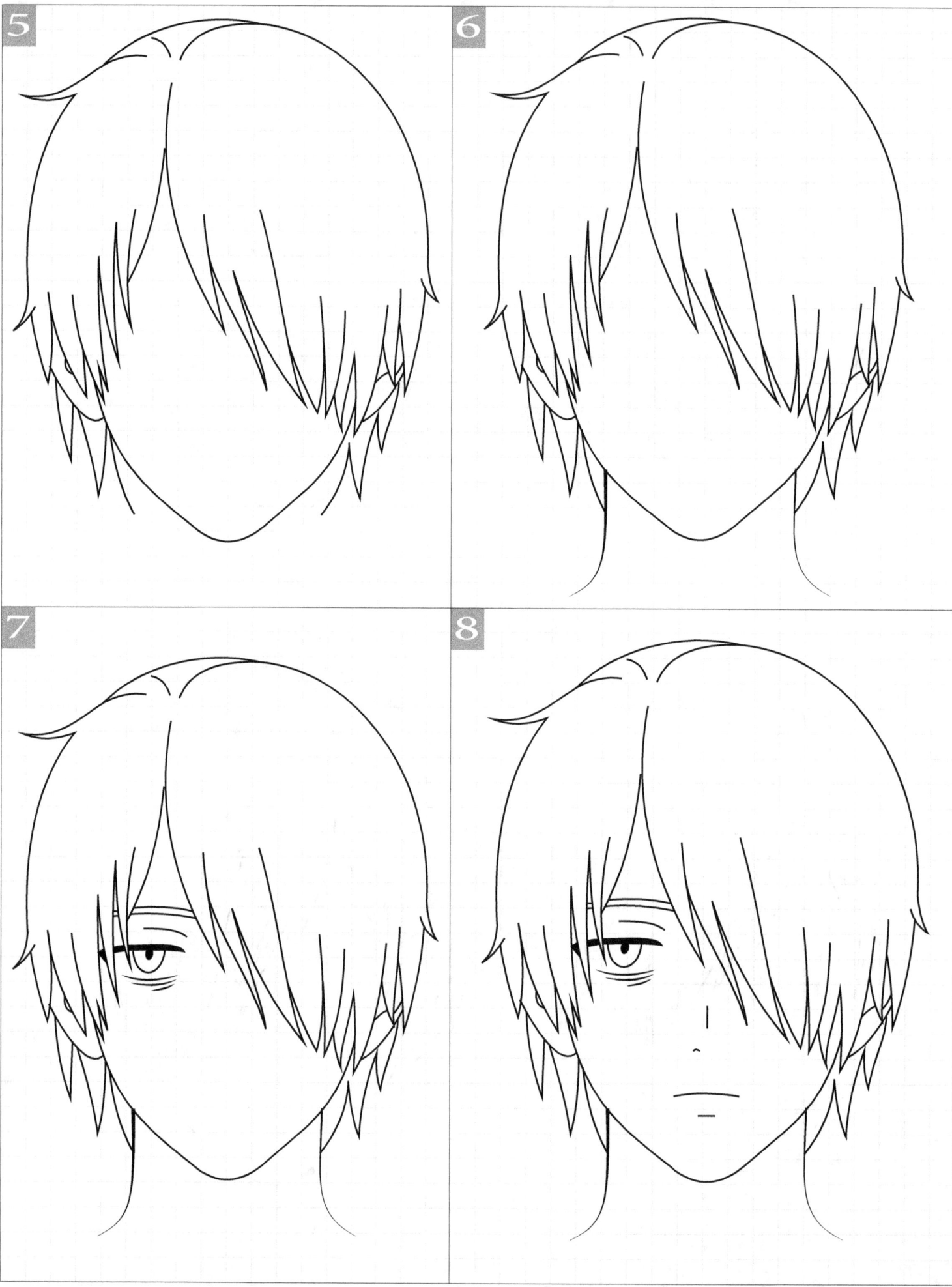

Sigue los pasos y dibuja tú mismo

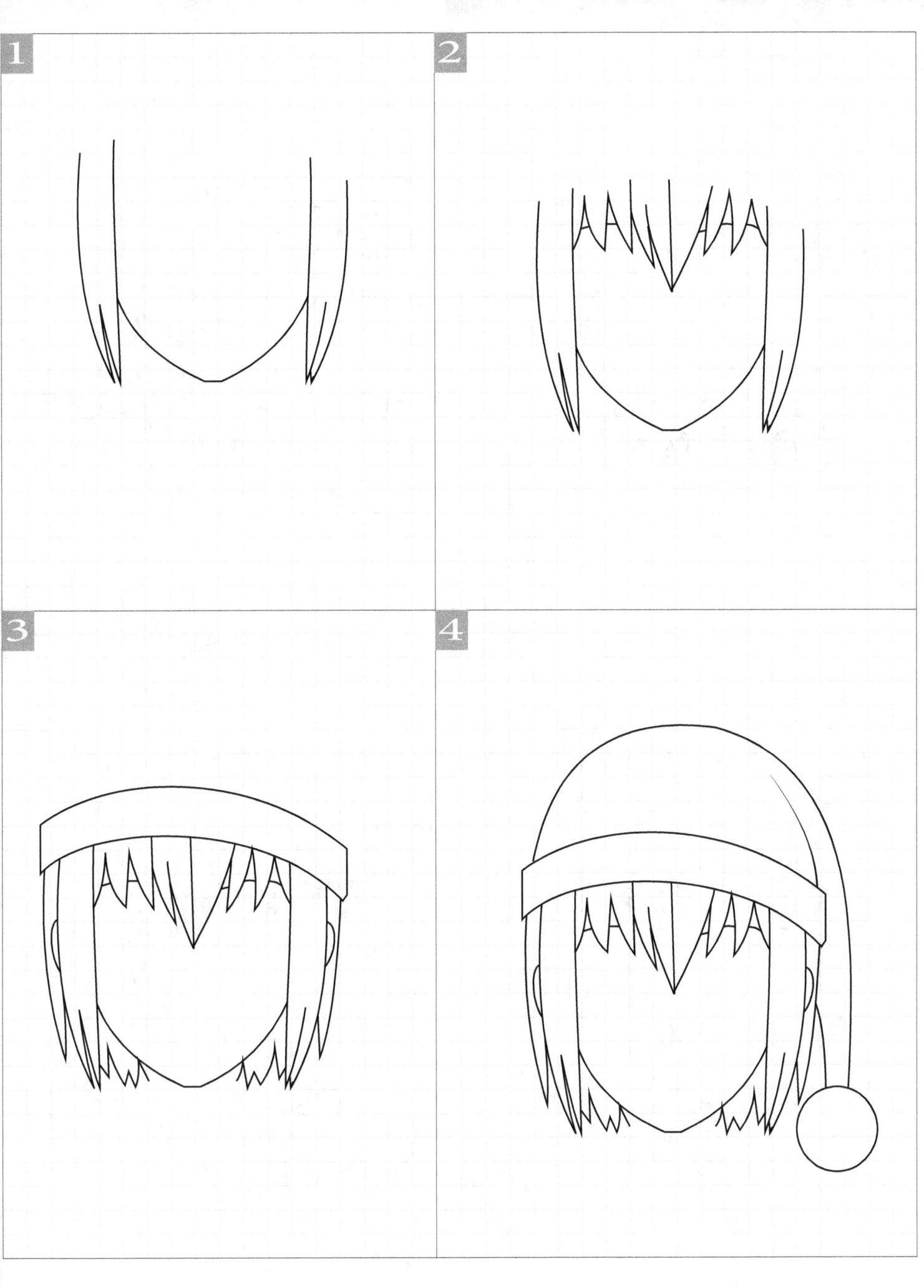

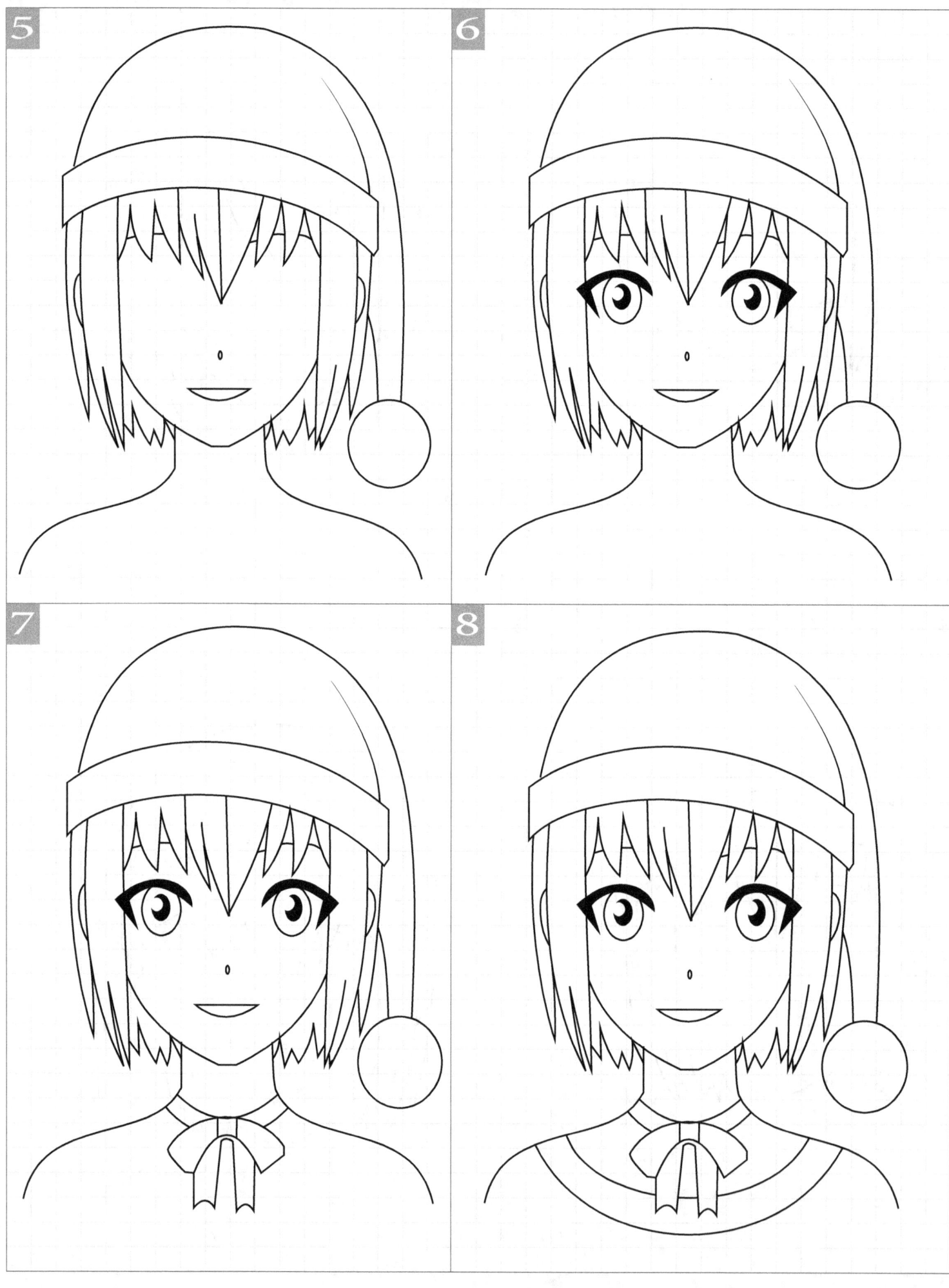

Sigue los pasos y dibuja tú mismo

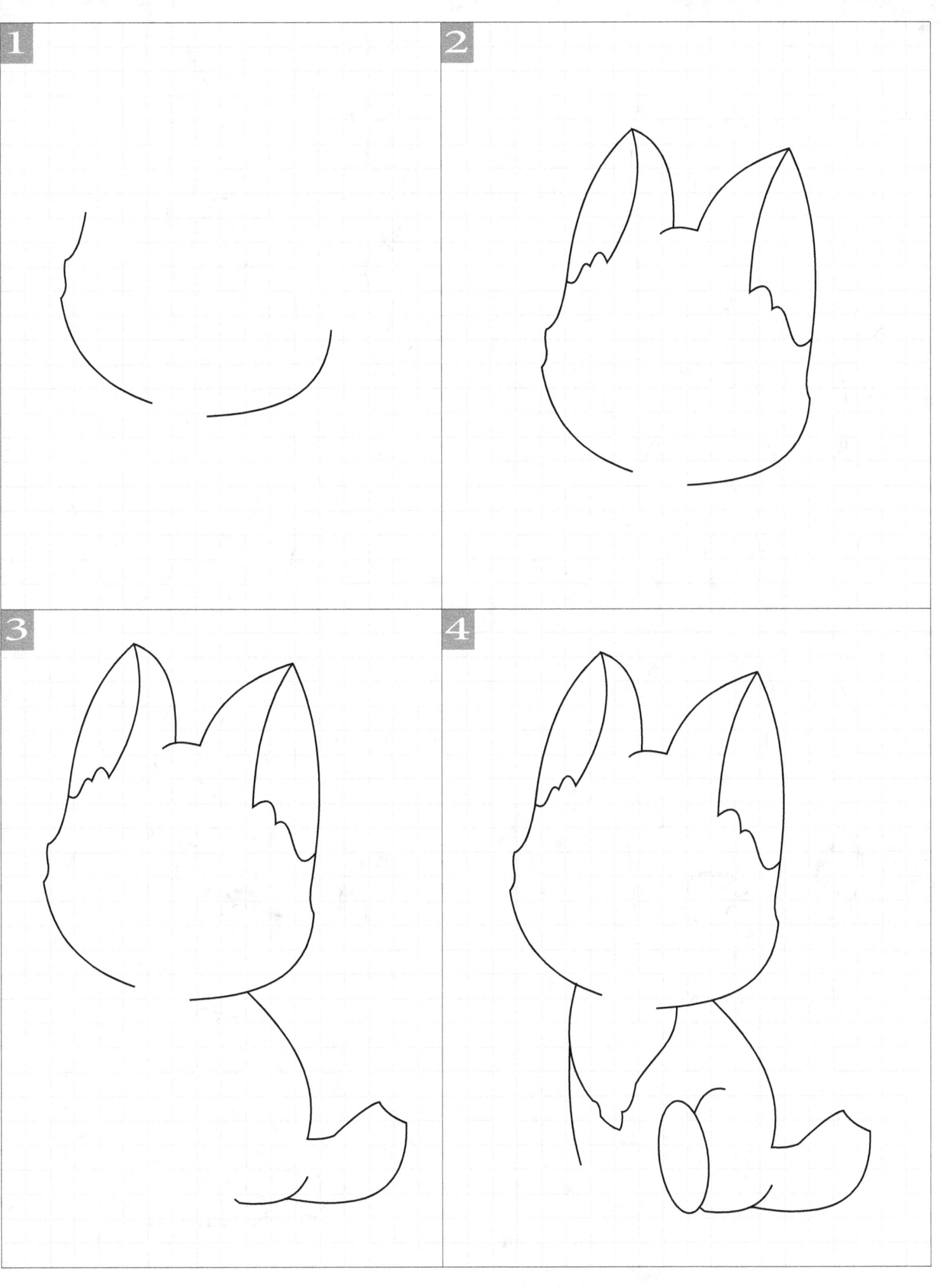

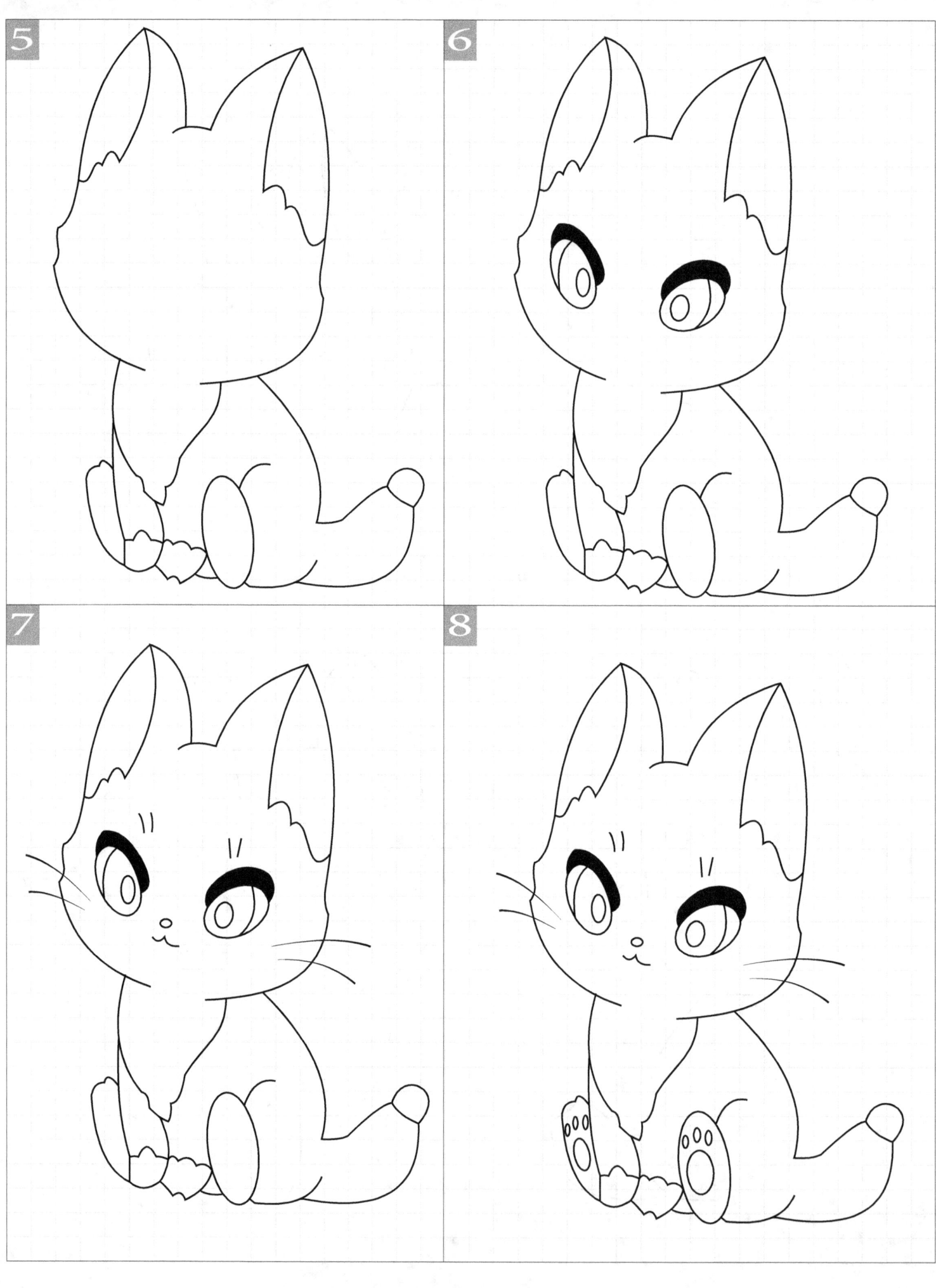

Sigue los pasos y dibuja tú mismo

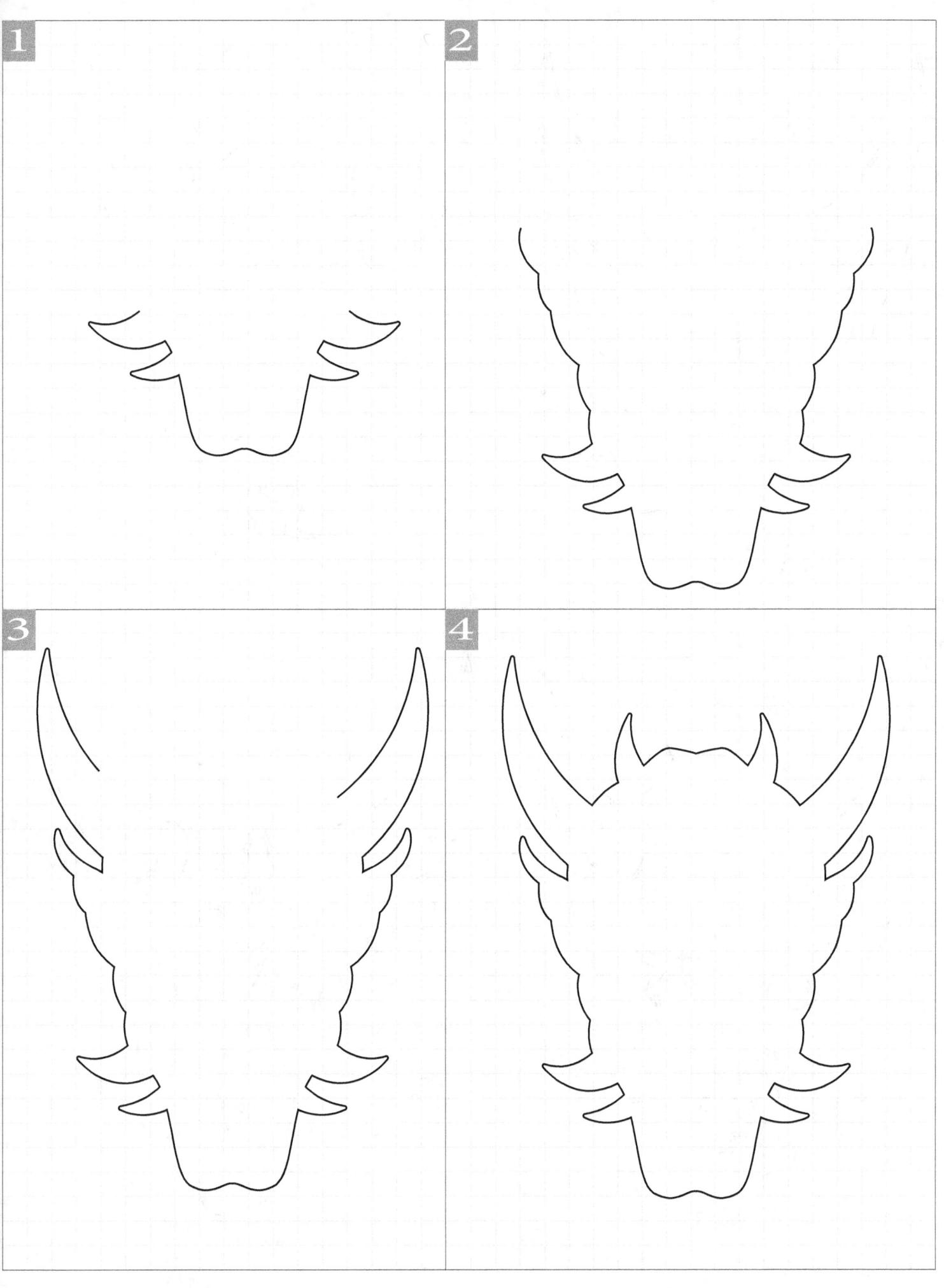

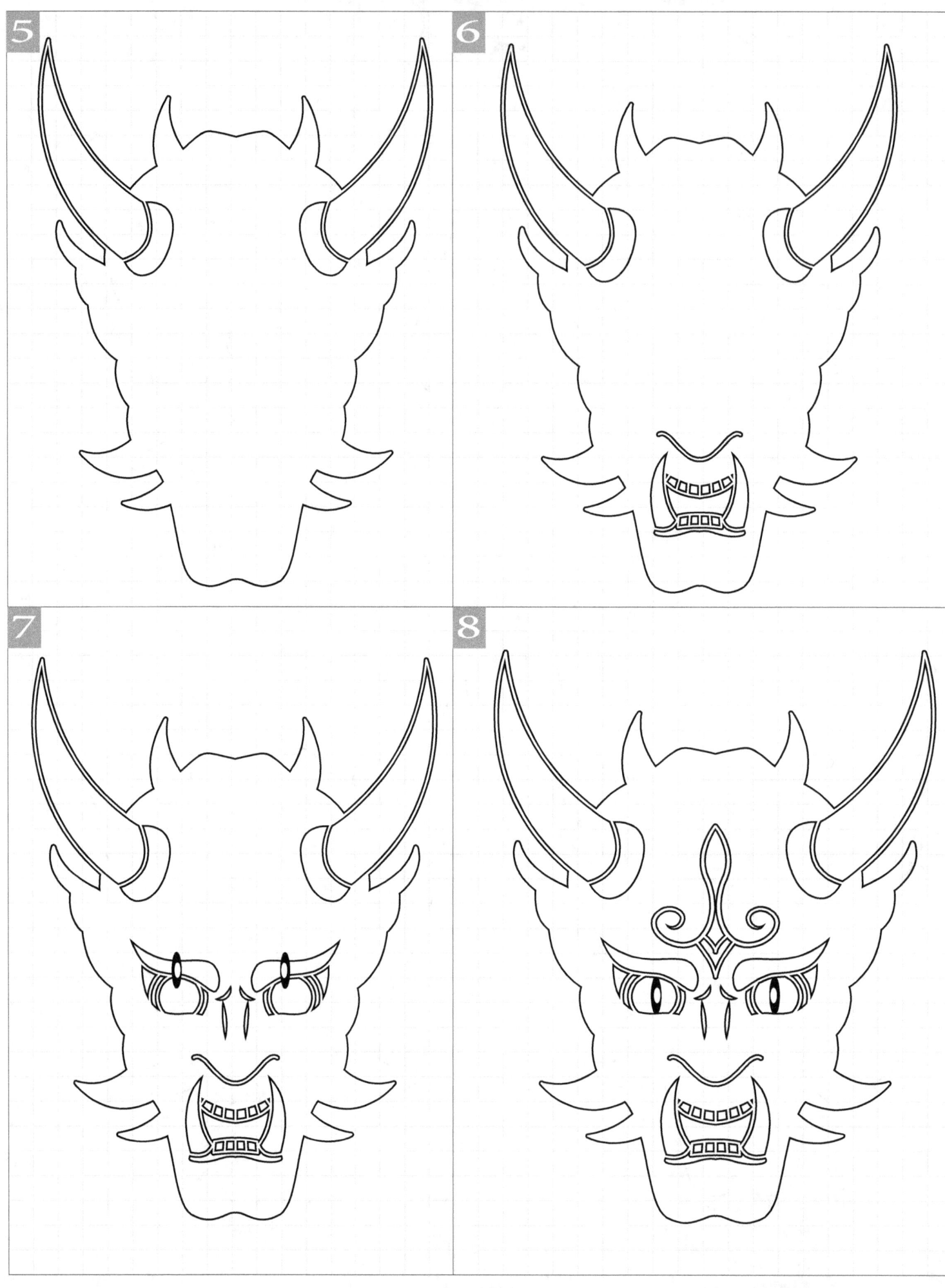

Sigue los pasos y dibuja tú mismo

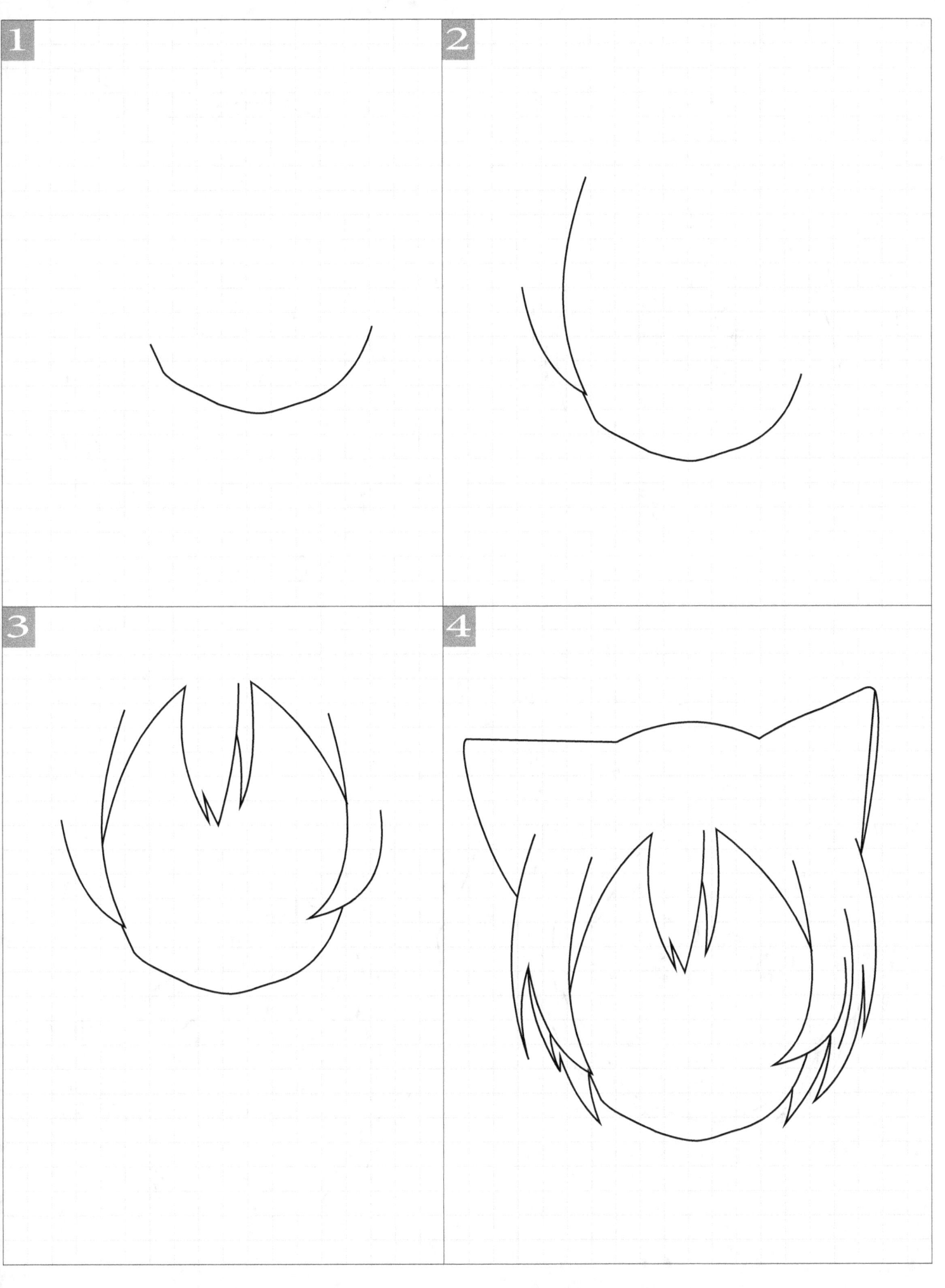

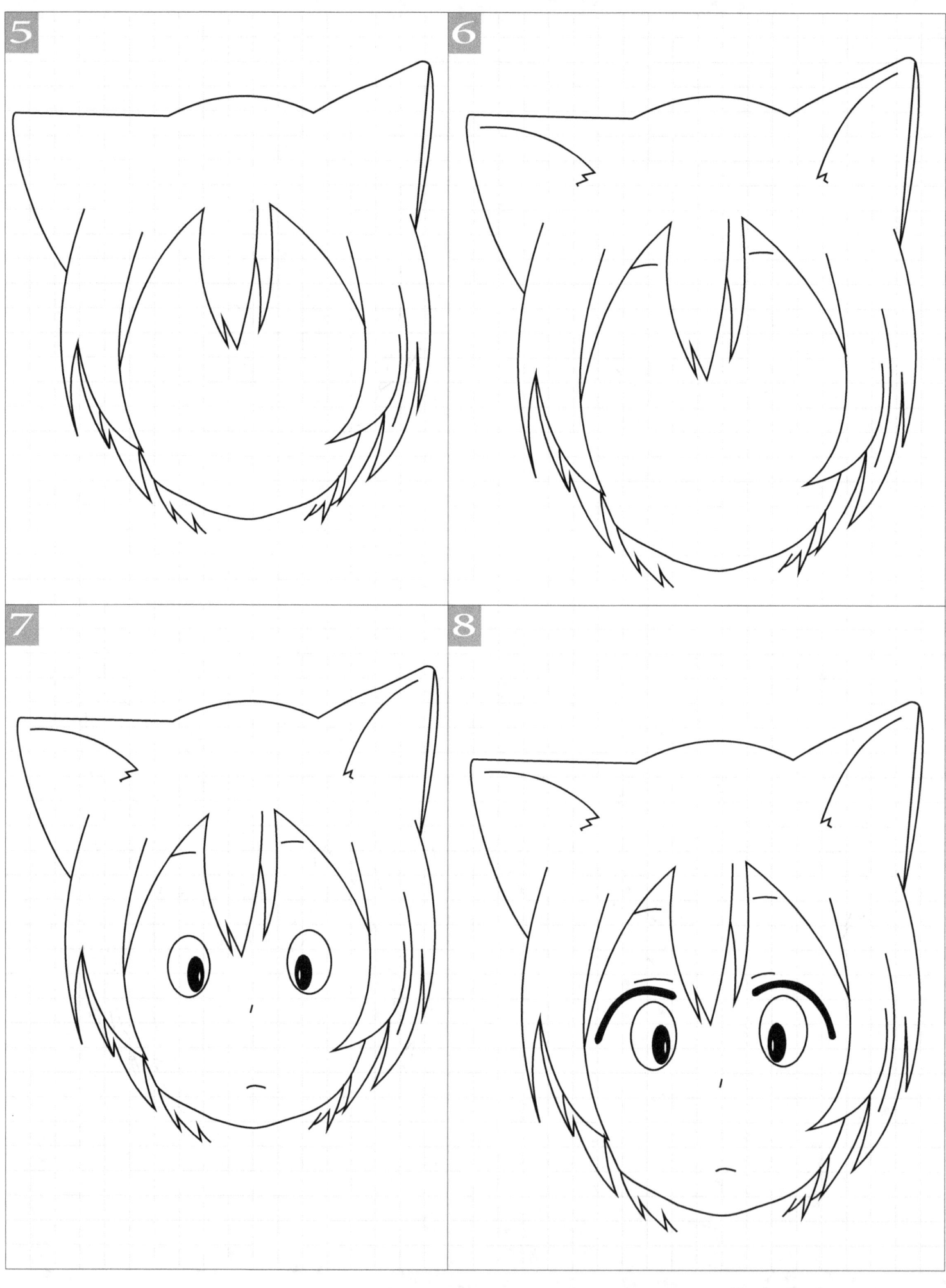

Sigue los pasos y dibuja tú mismo

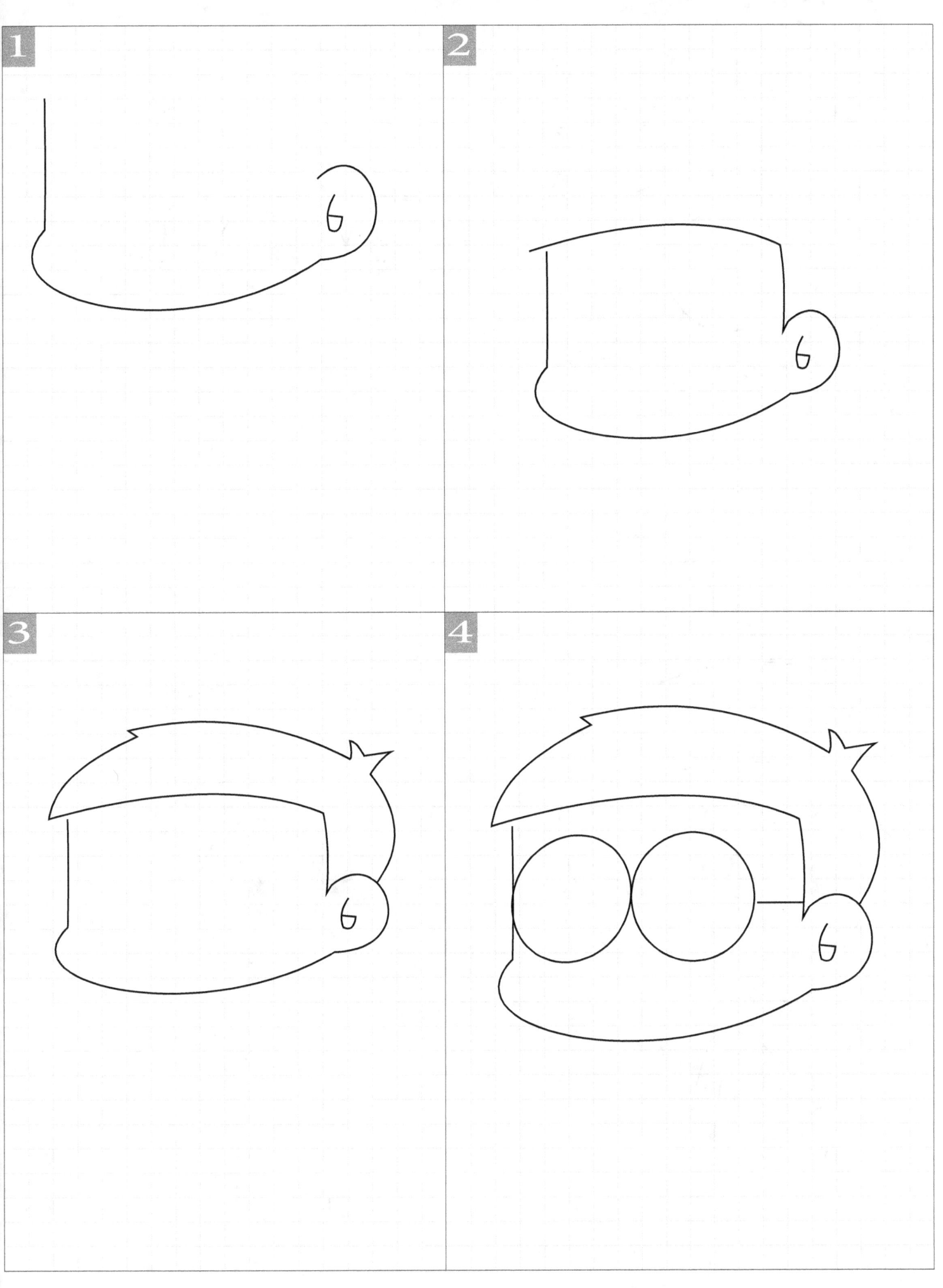

5

6

7

8

Sigue los pasos y dibuja tú mismo

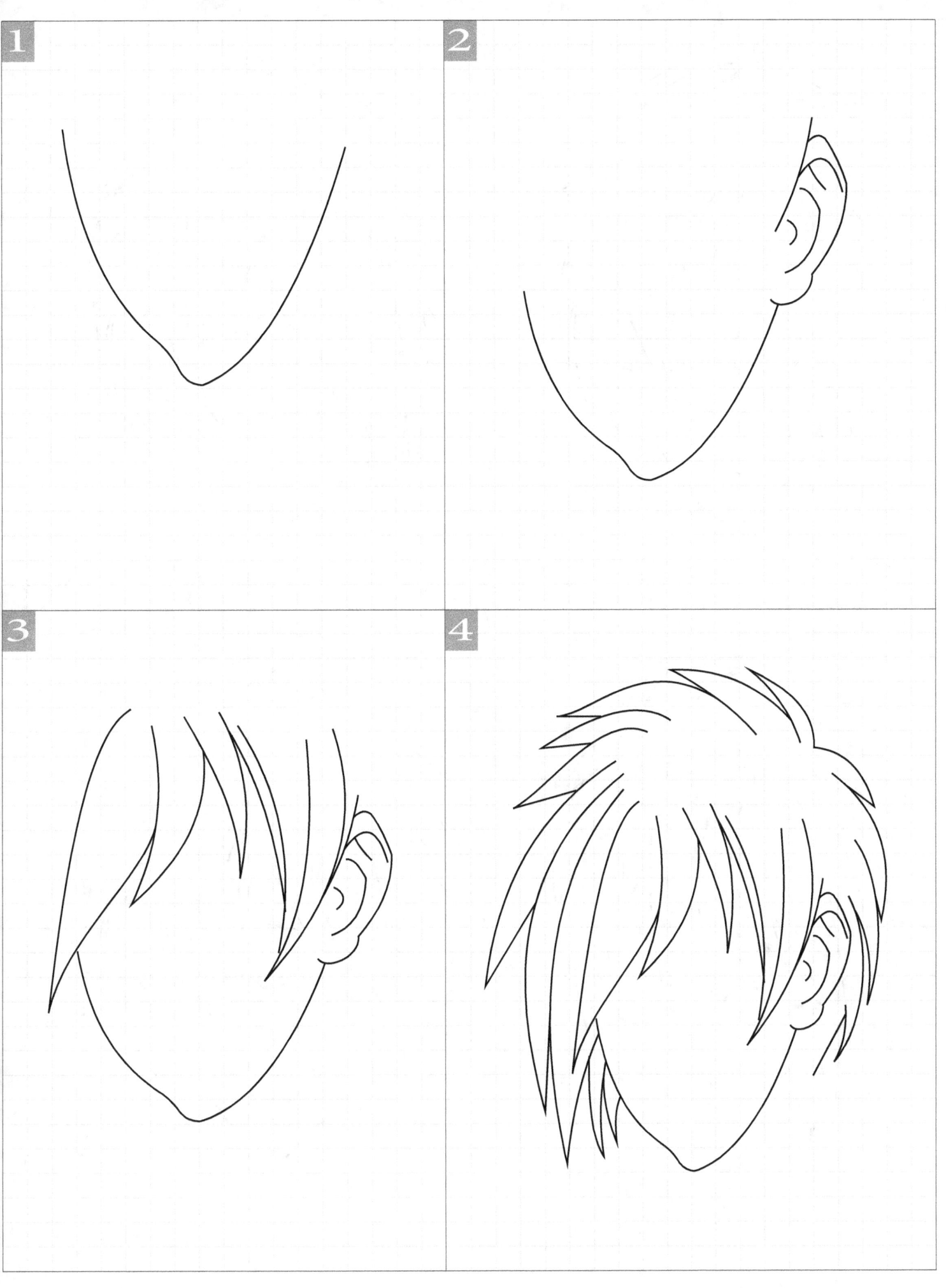

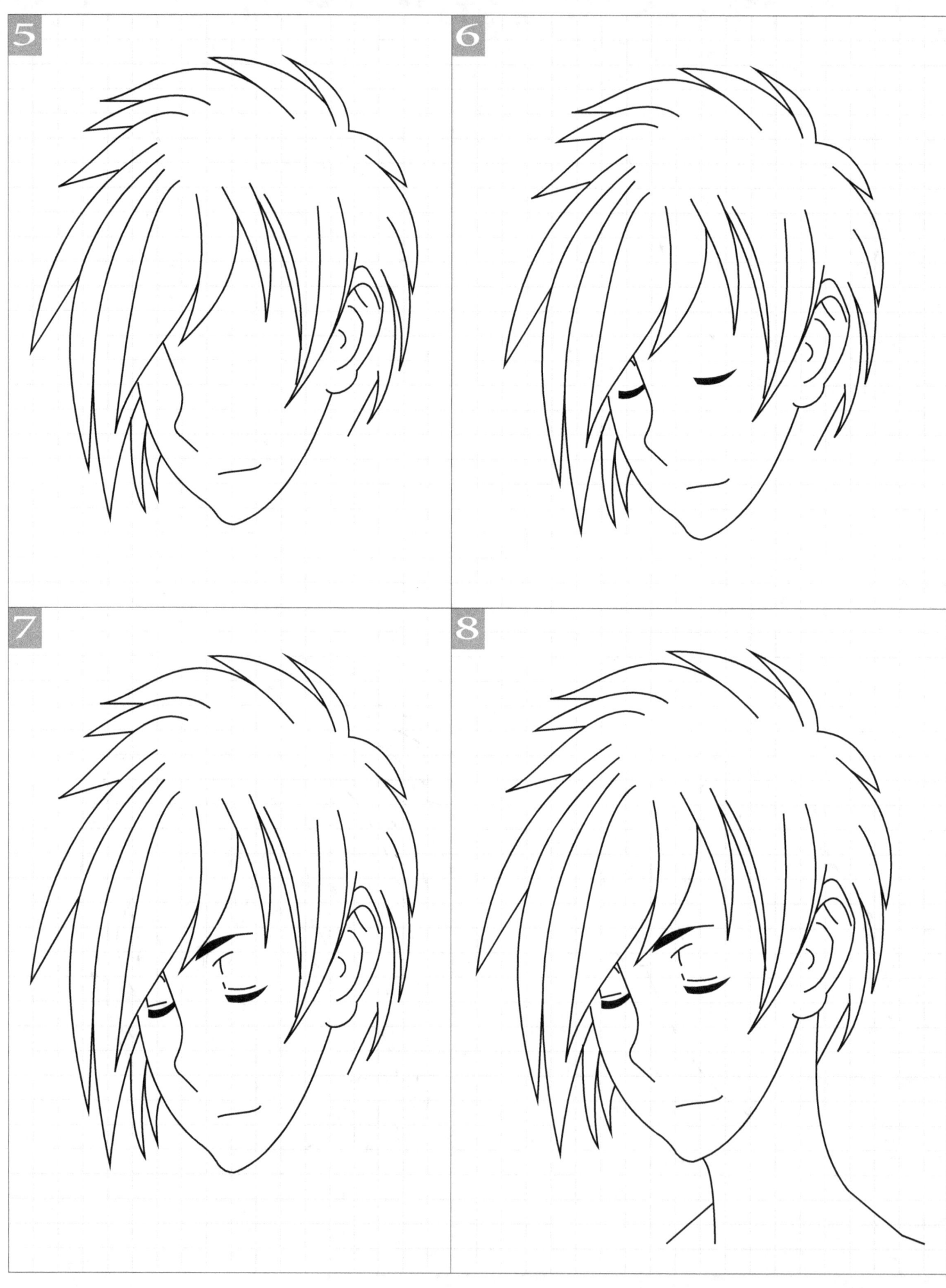

Sigue los pasos y dibuja tú mismo

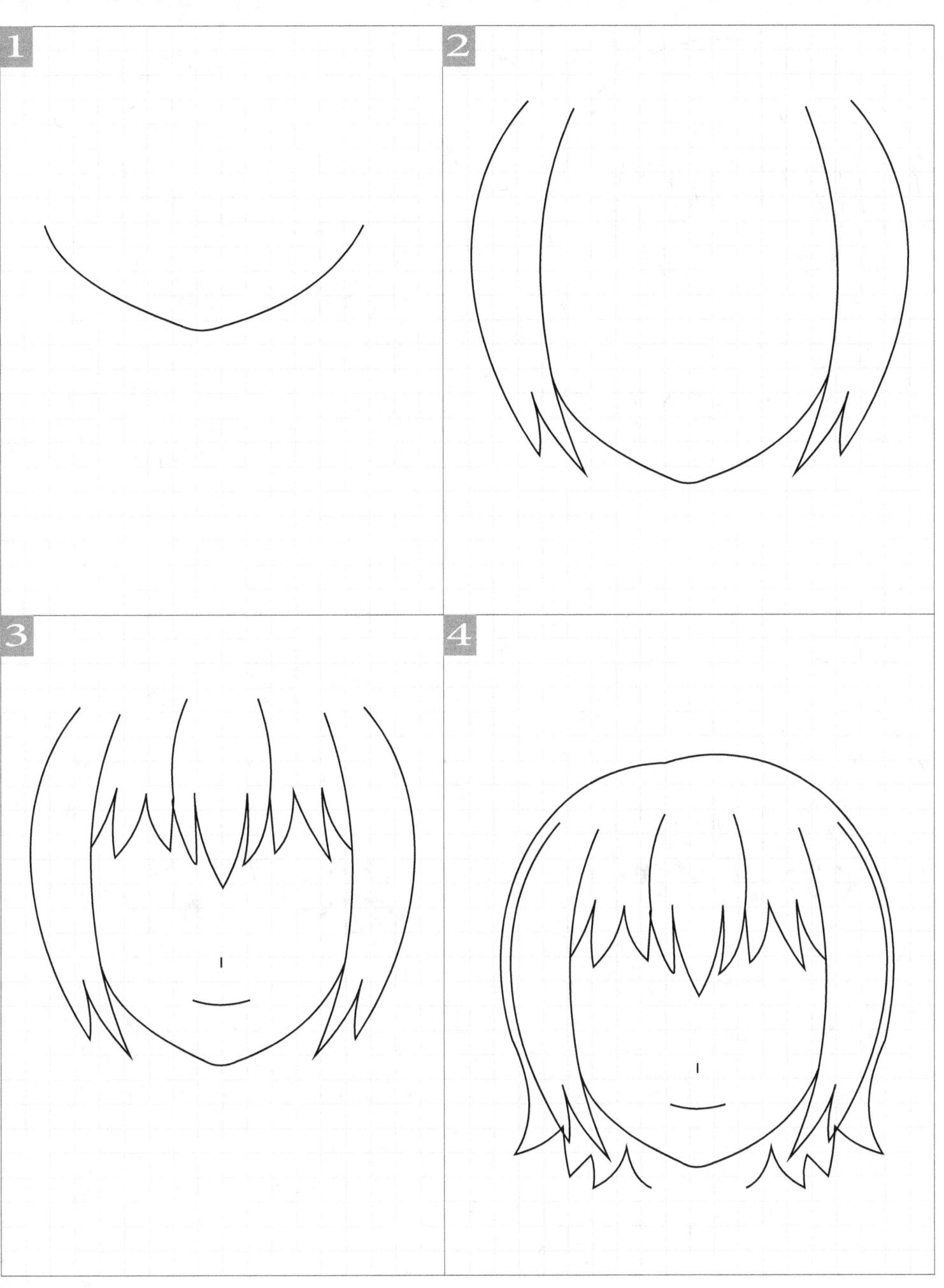

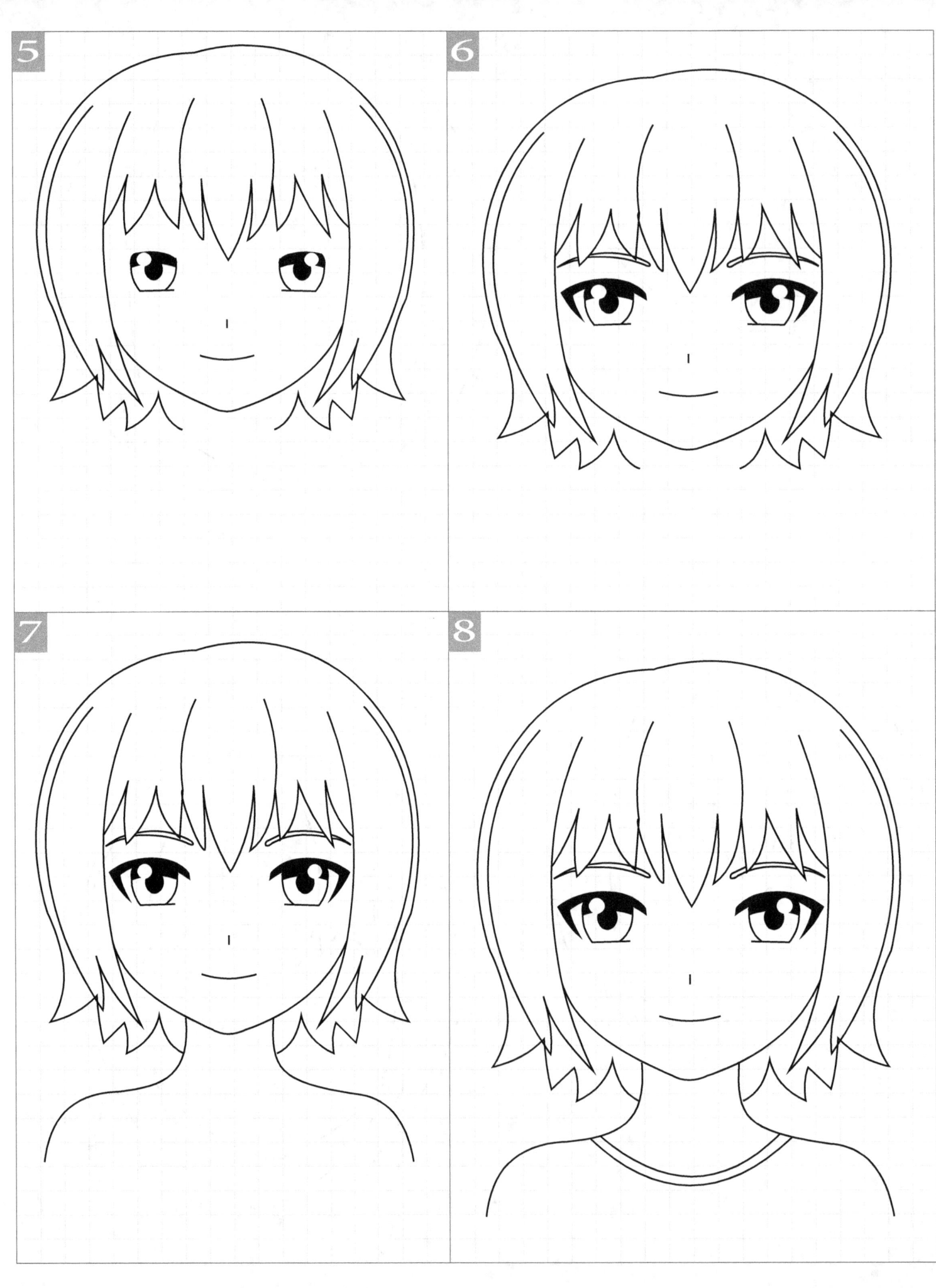

Sigue los pasos y dibuja tú mismo

1

2

3

4

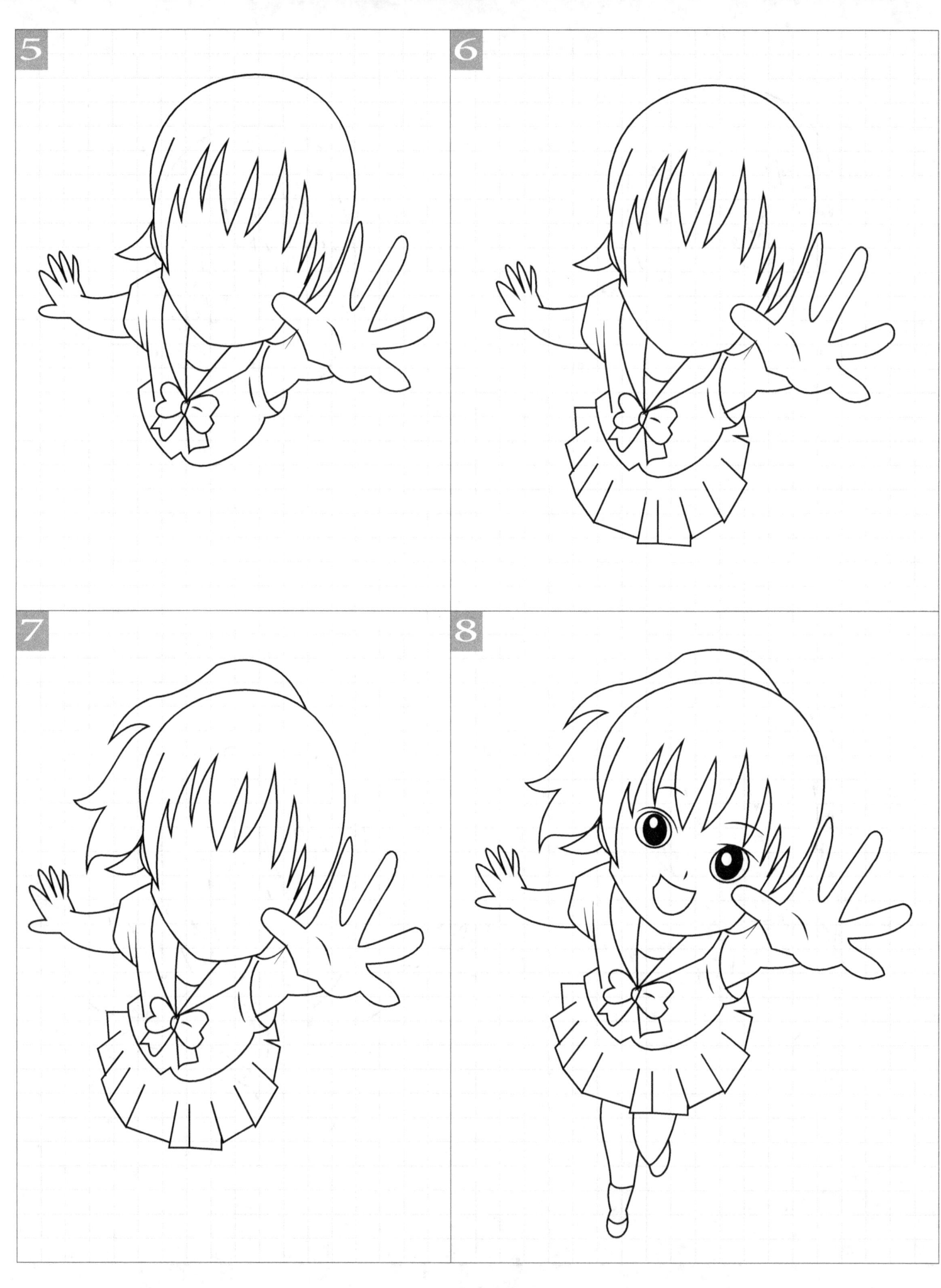

Sigue los pasos y dibuja tú mismo

Trazo y color

ליקוטי מוהר"ן

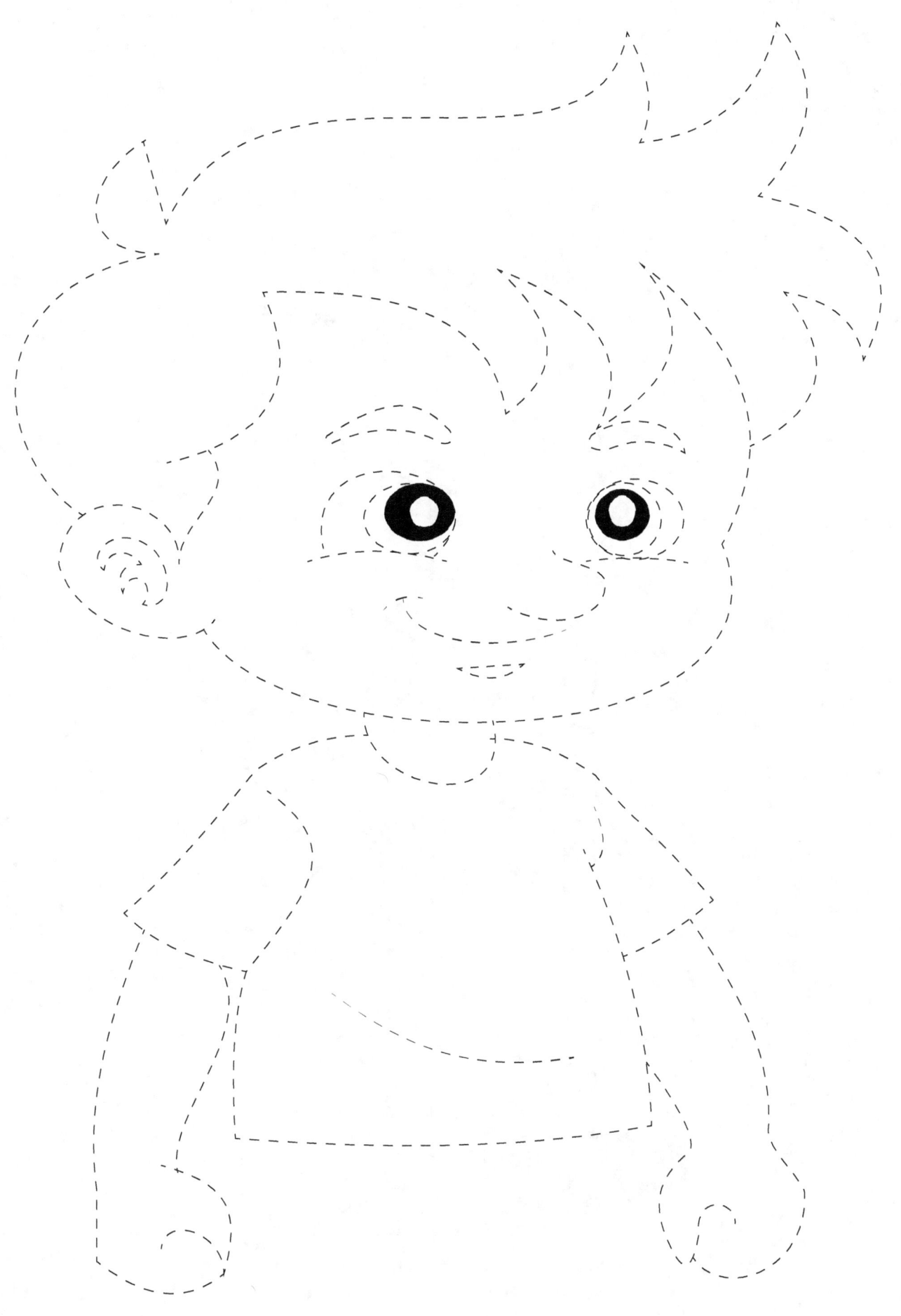

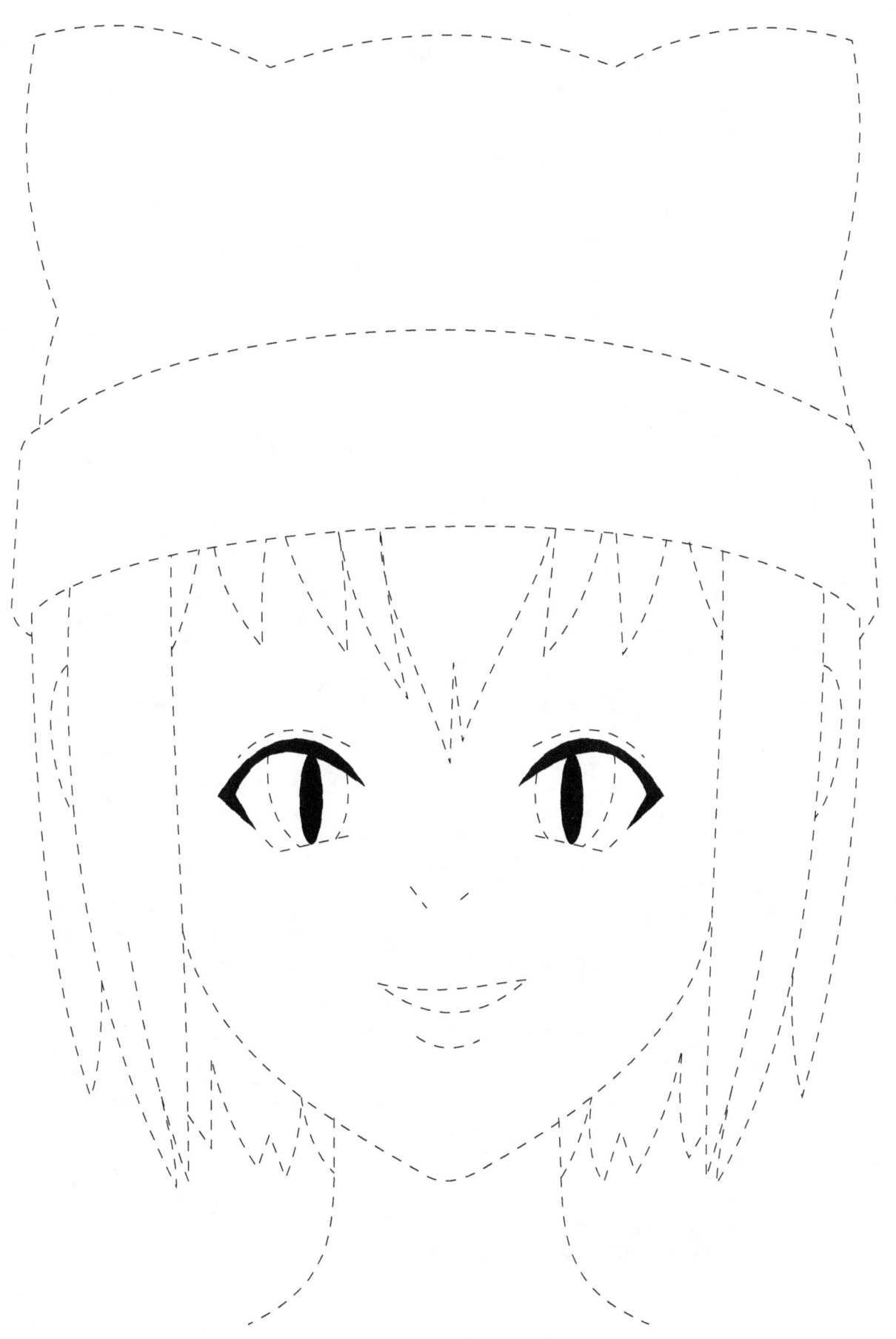

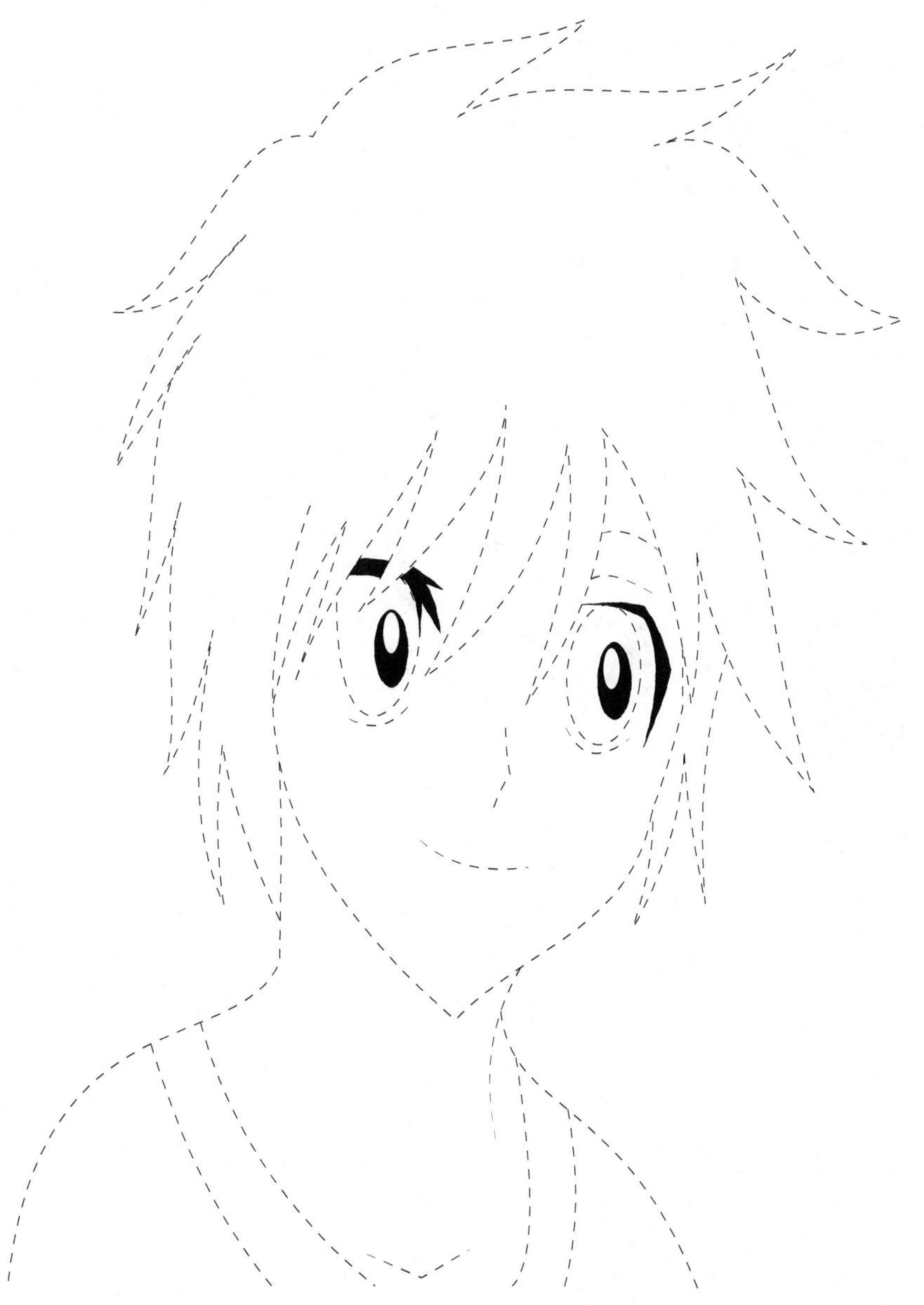

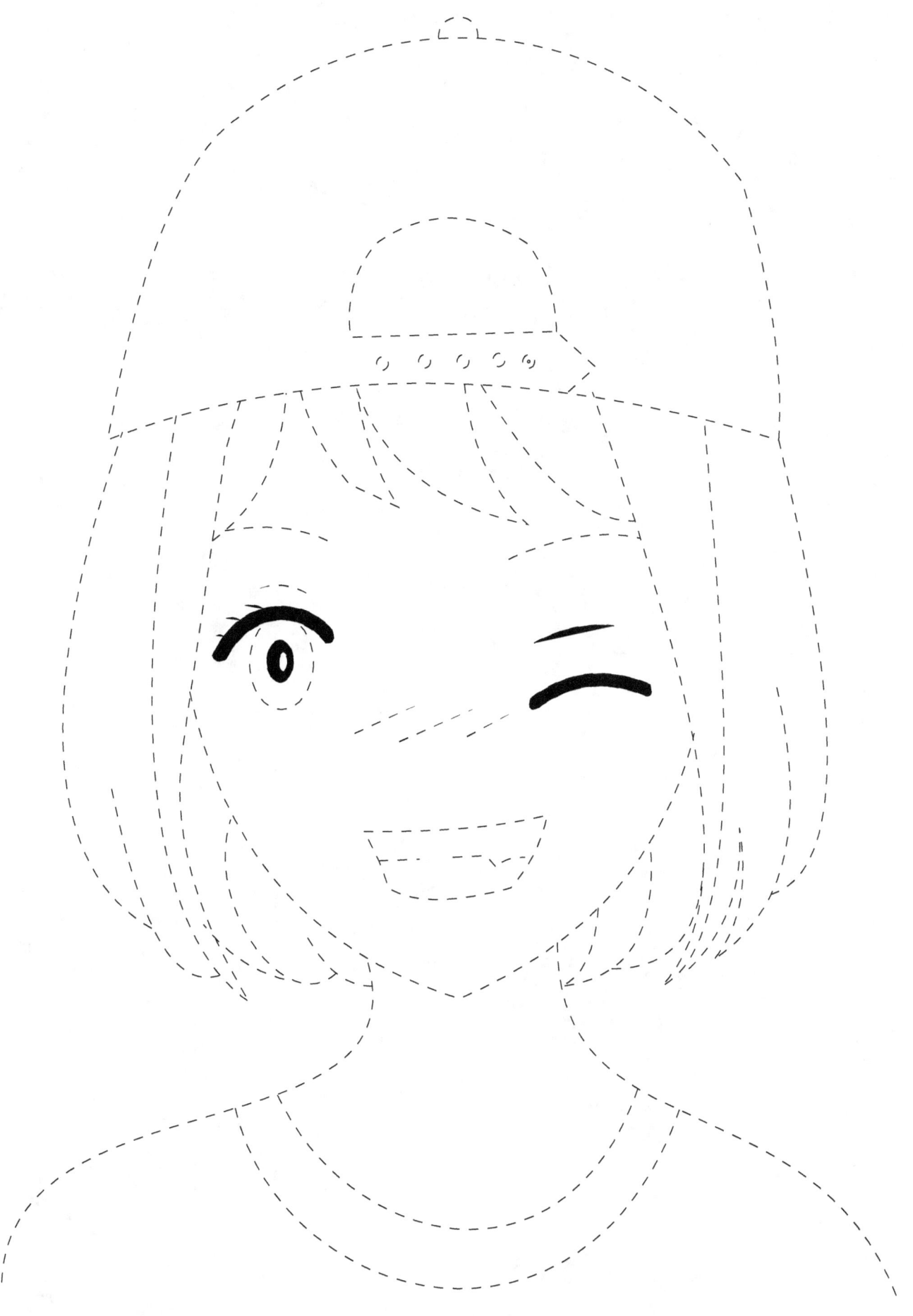

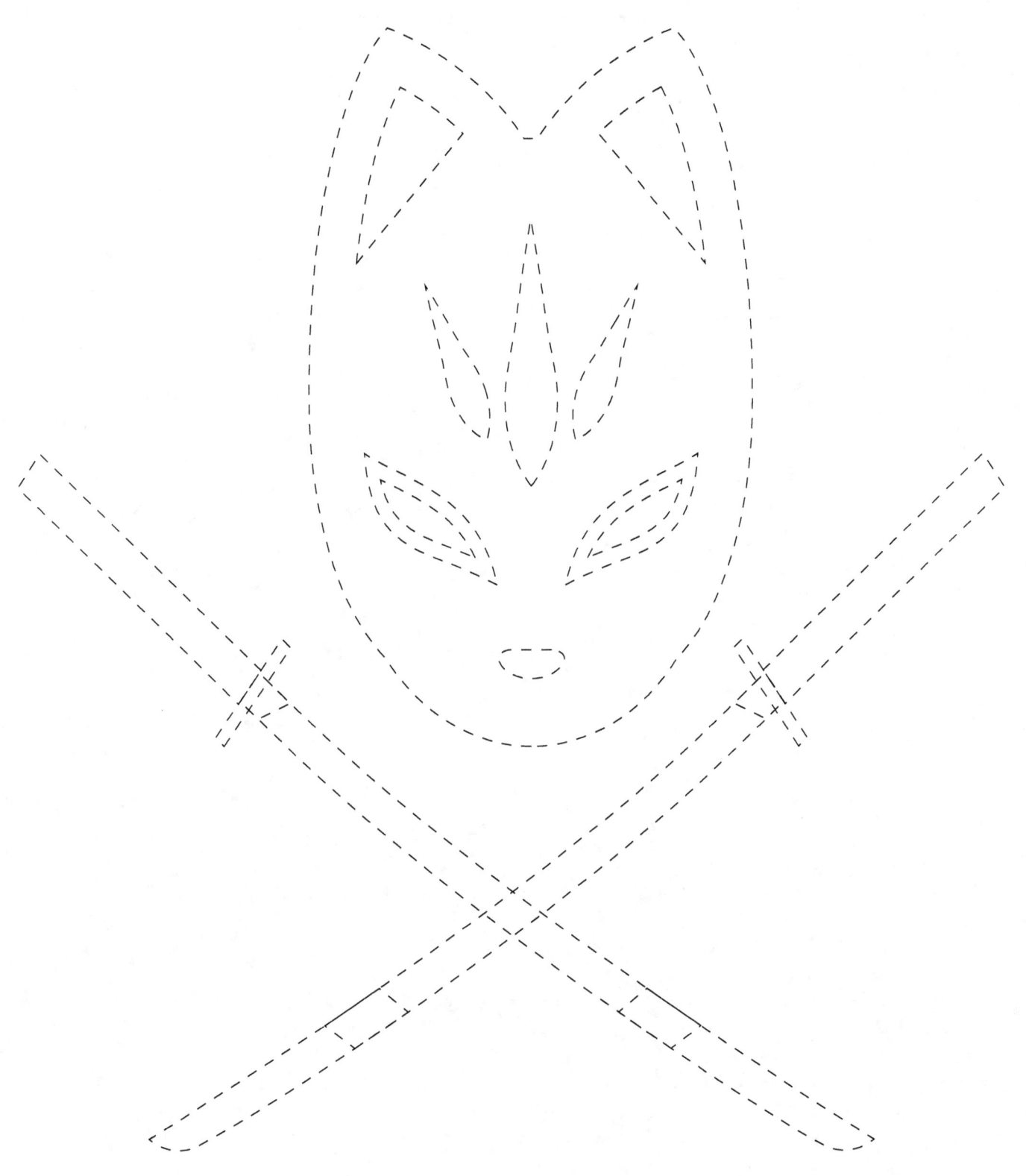

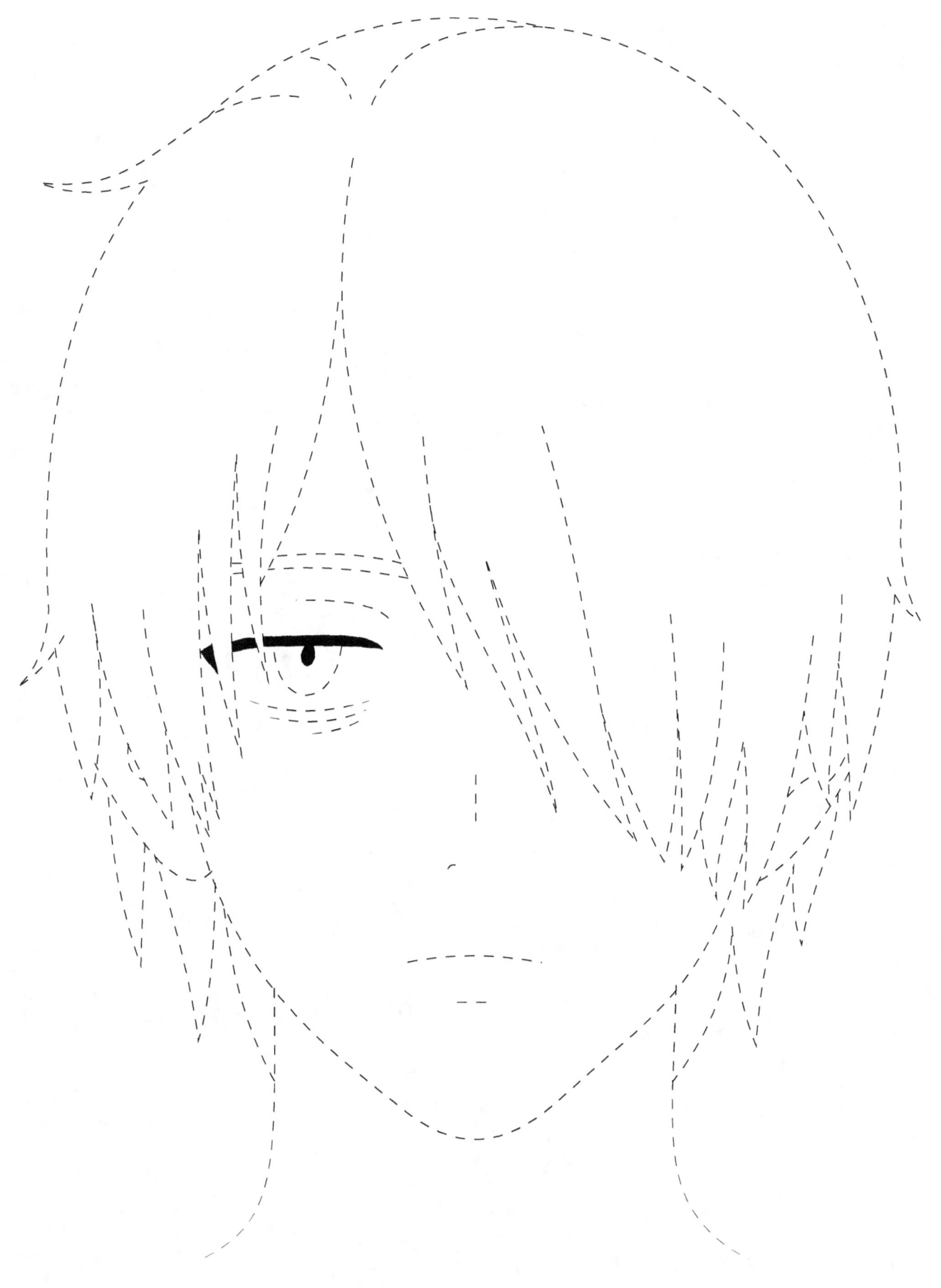

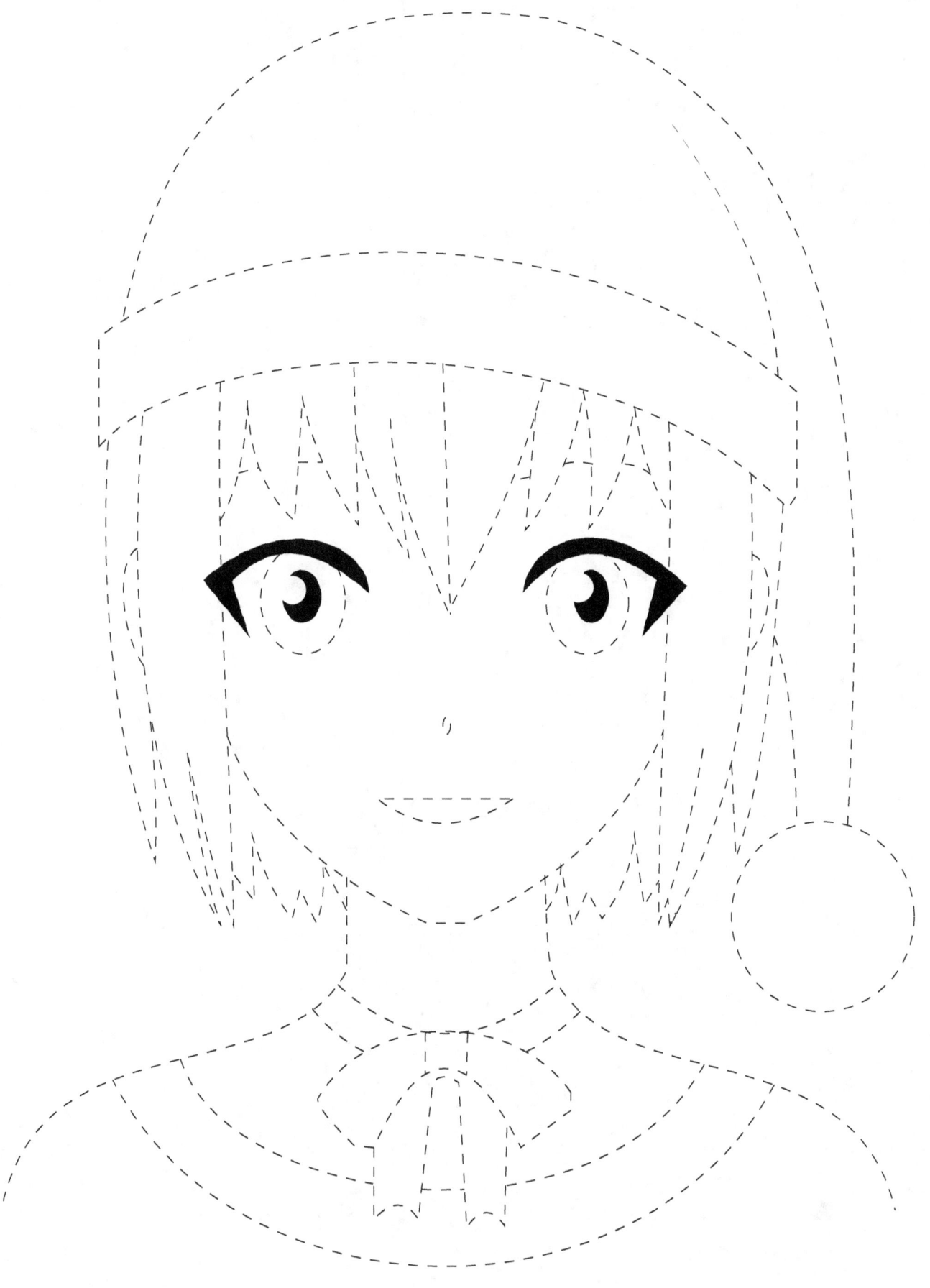

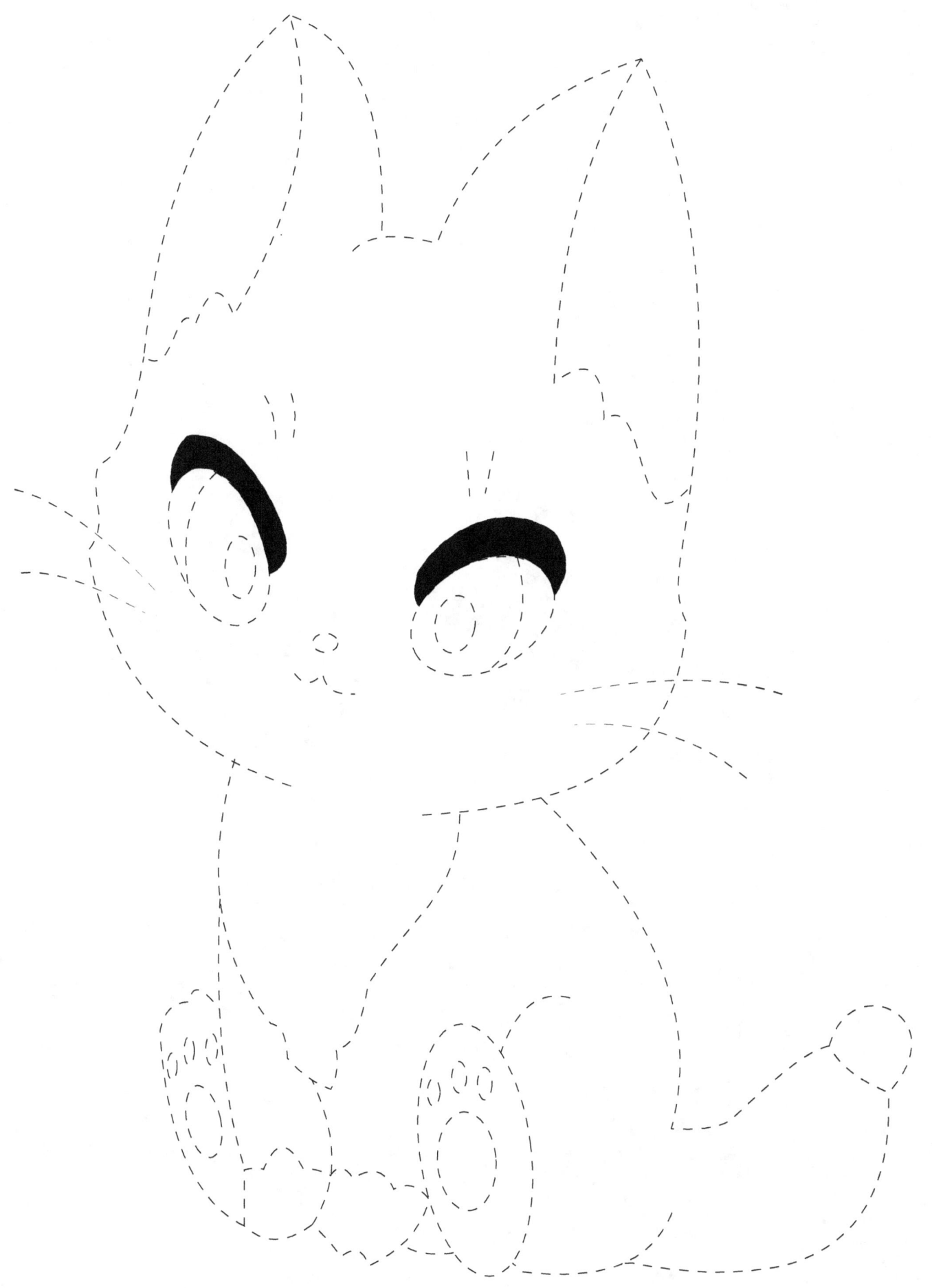

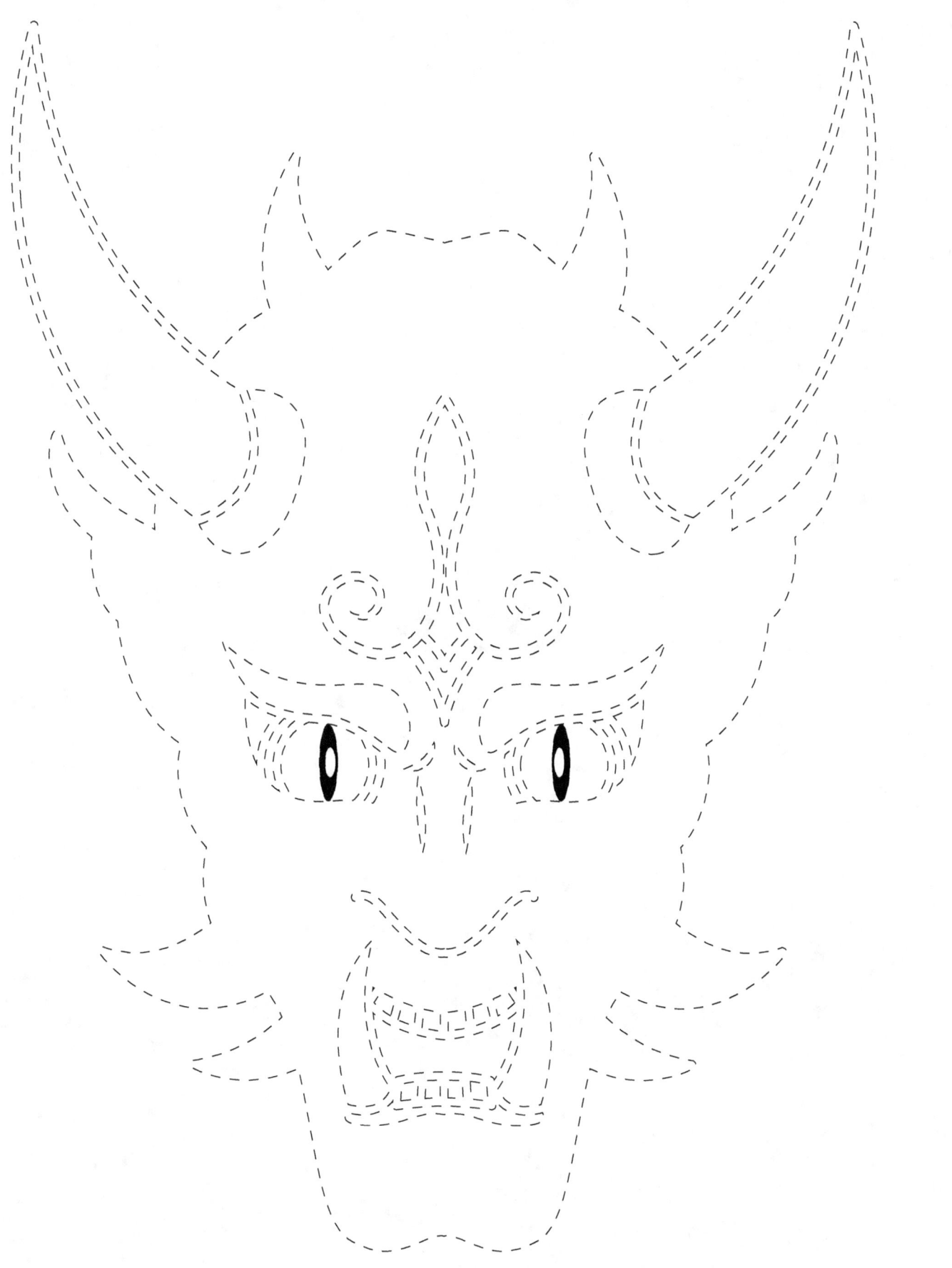

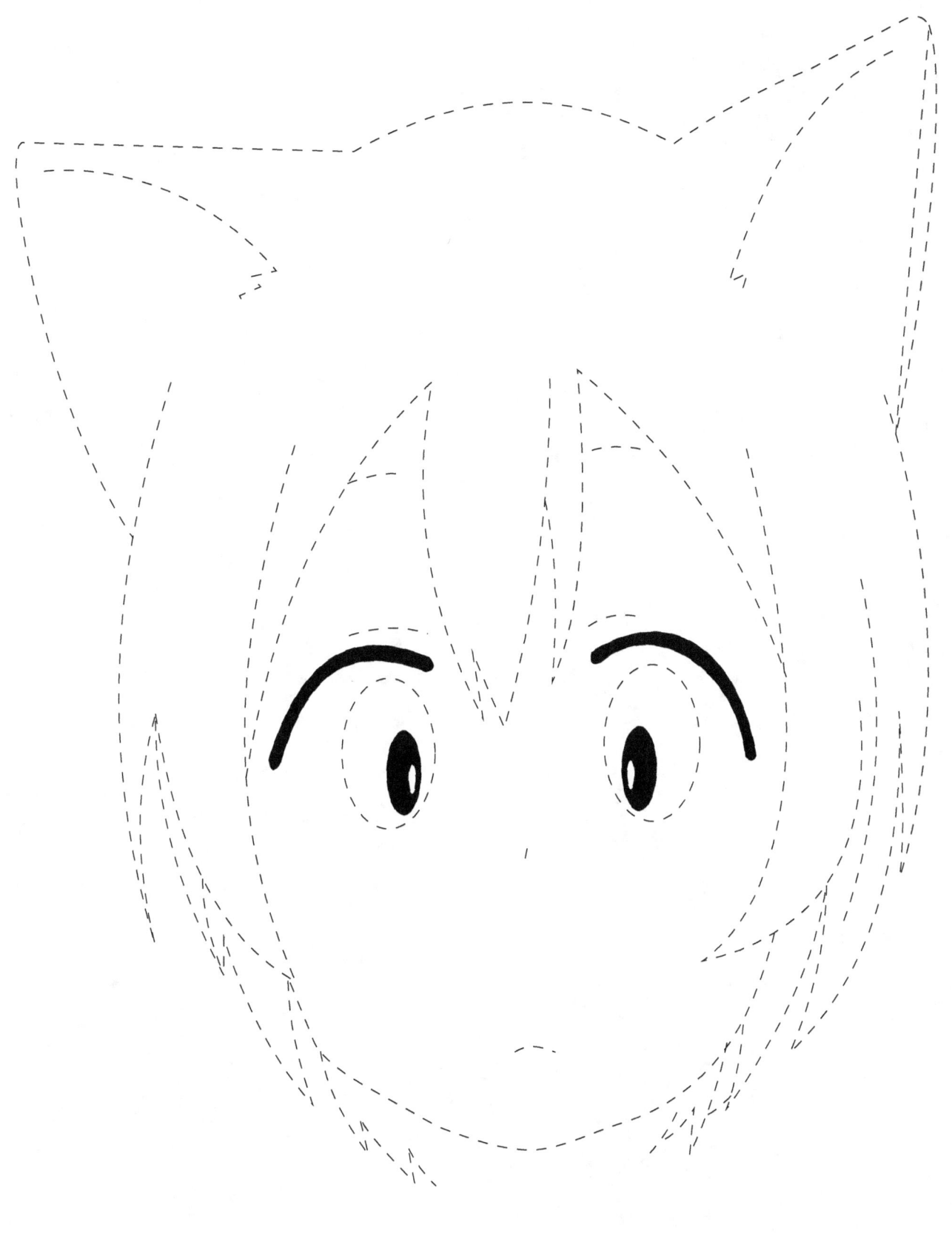

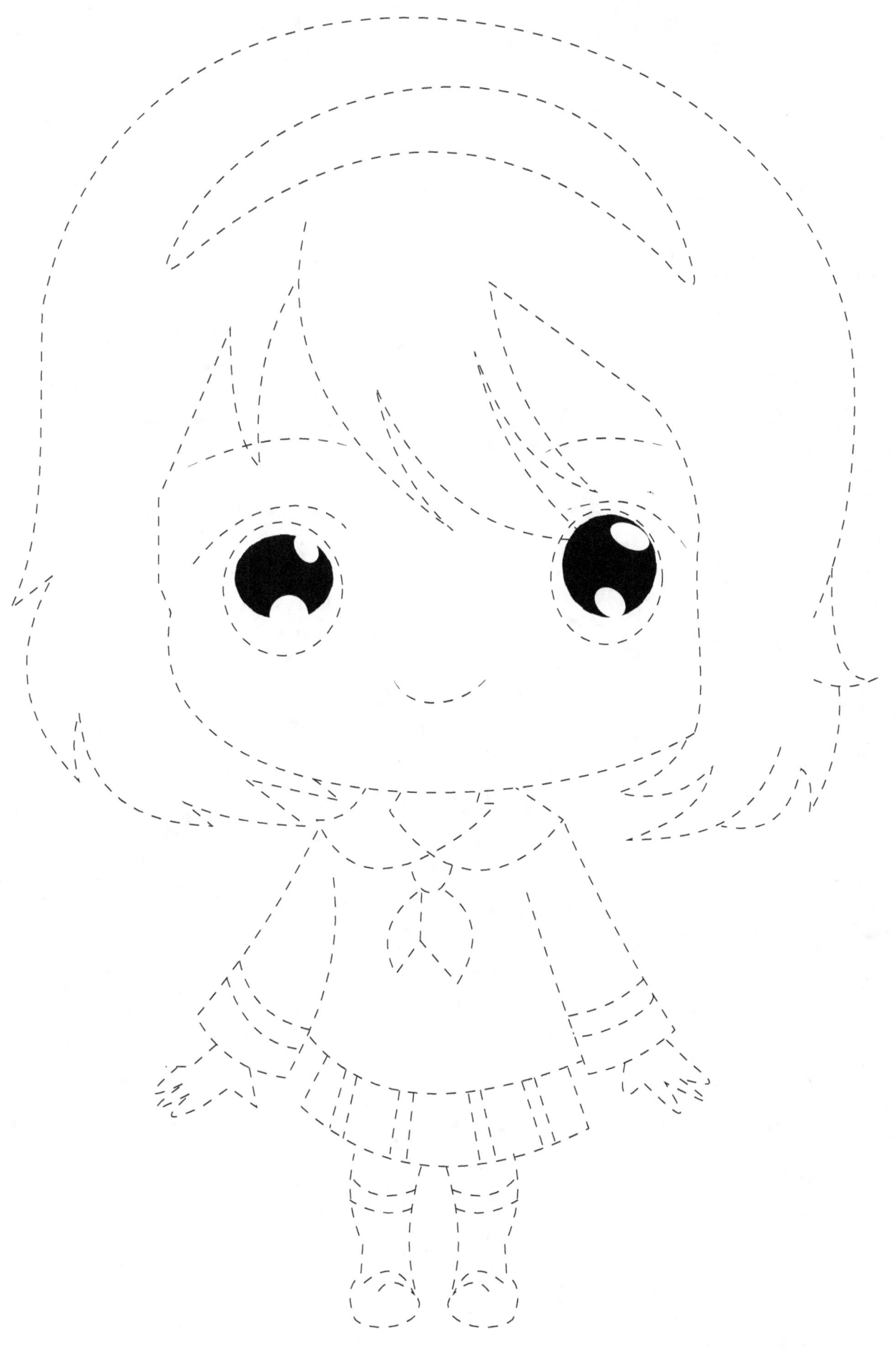

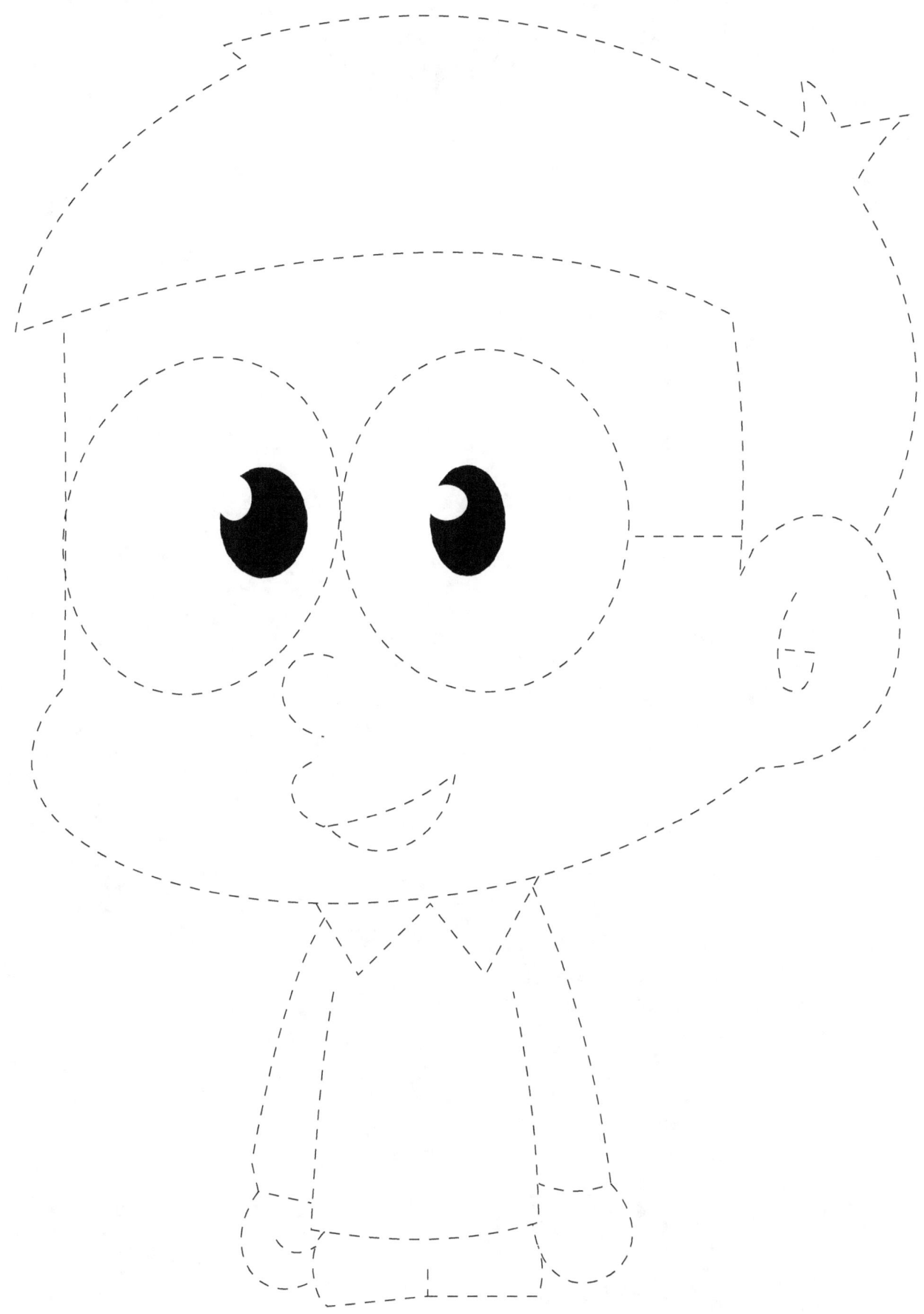

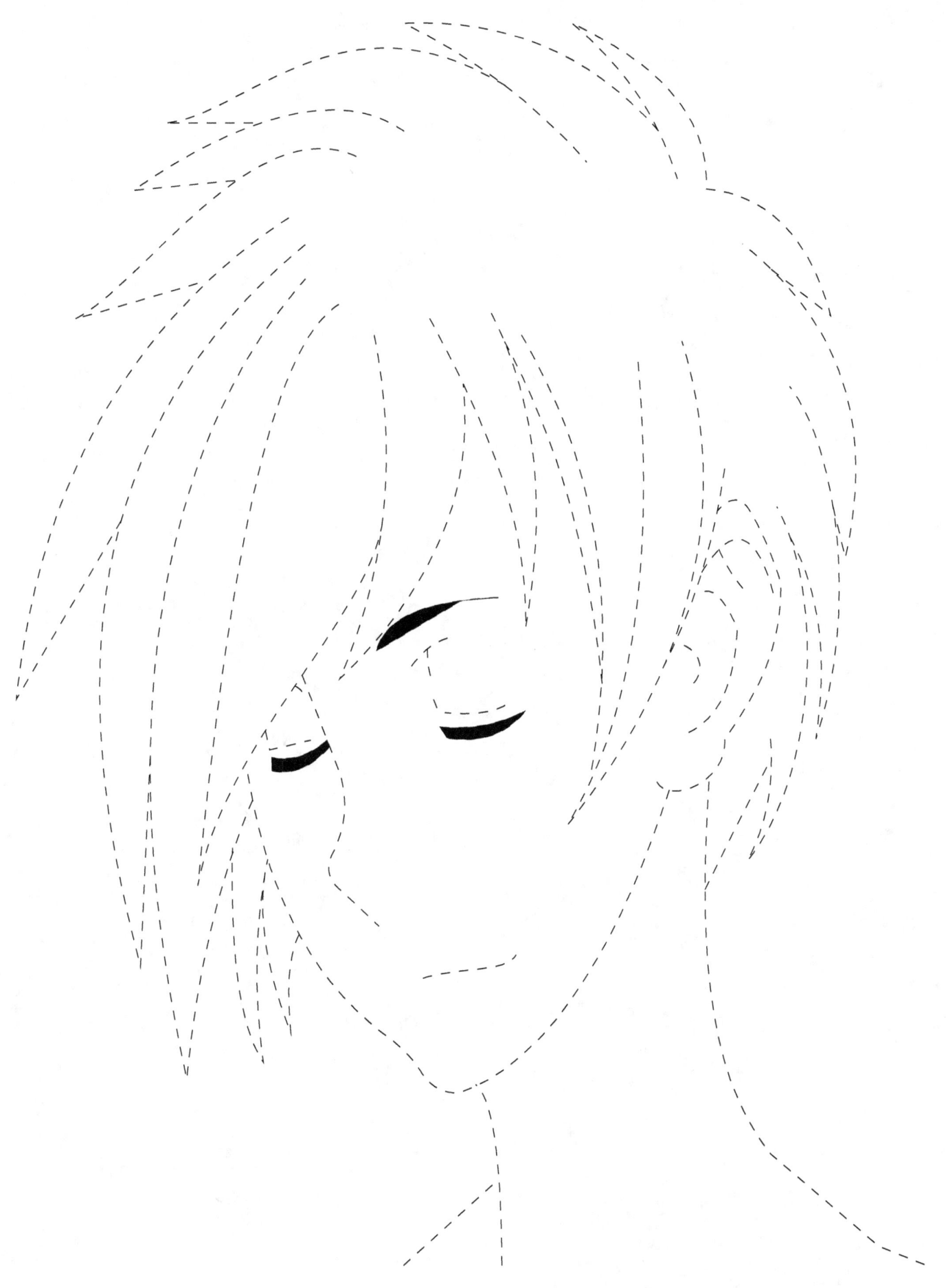

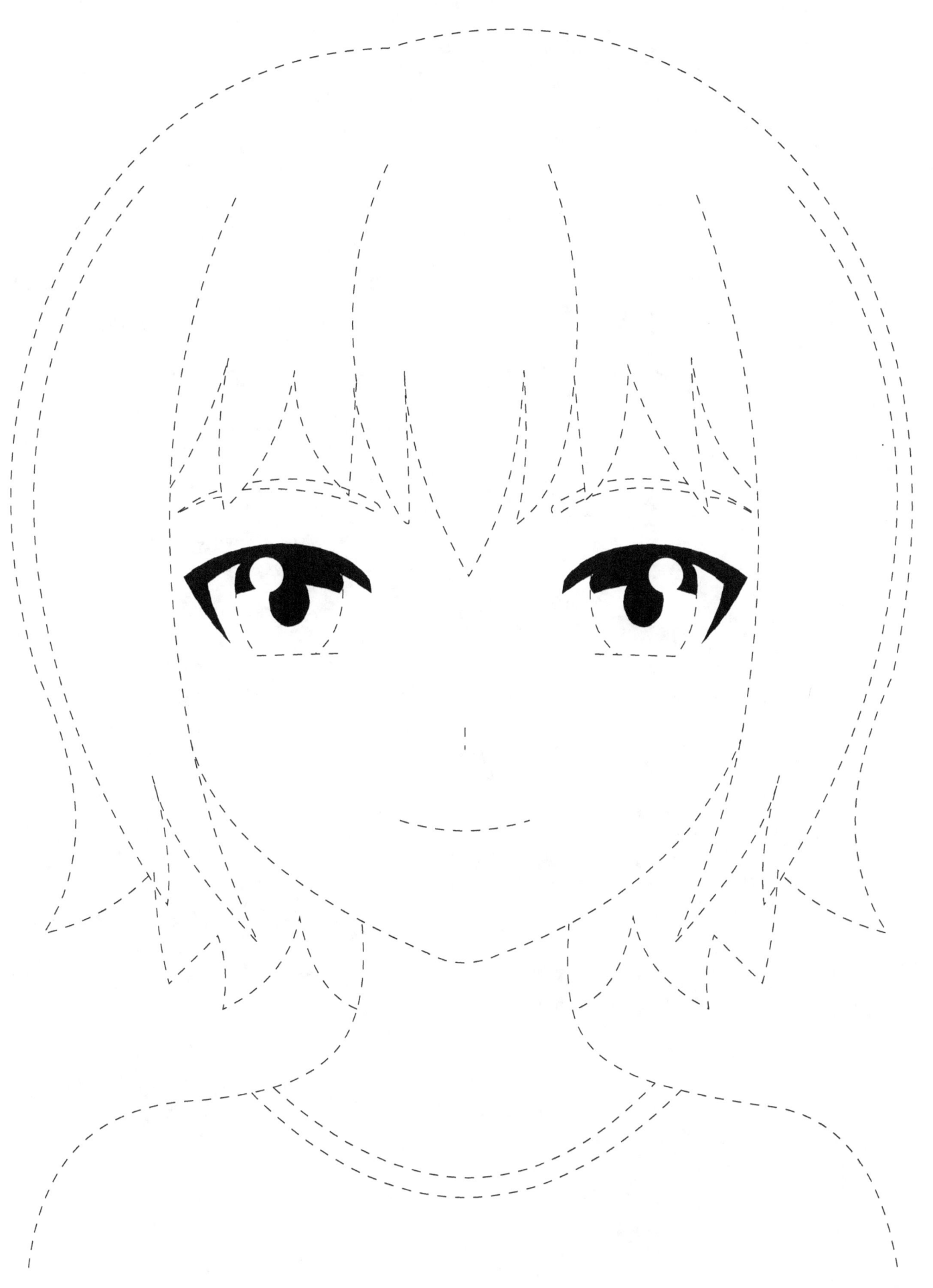

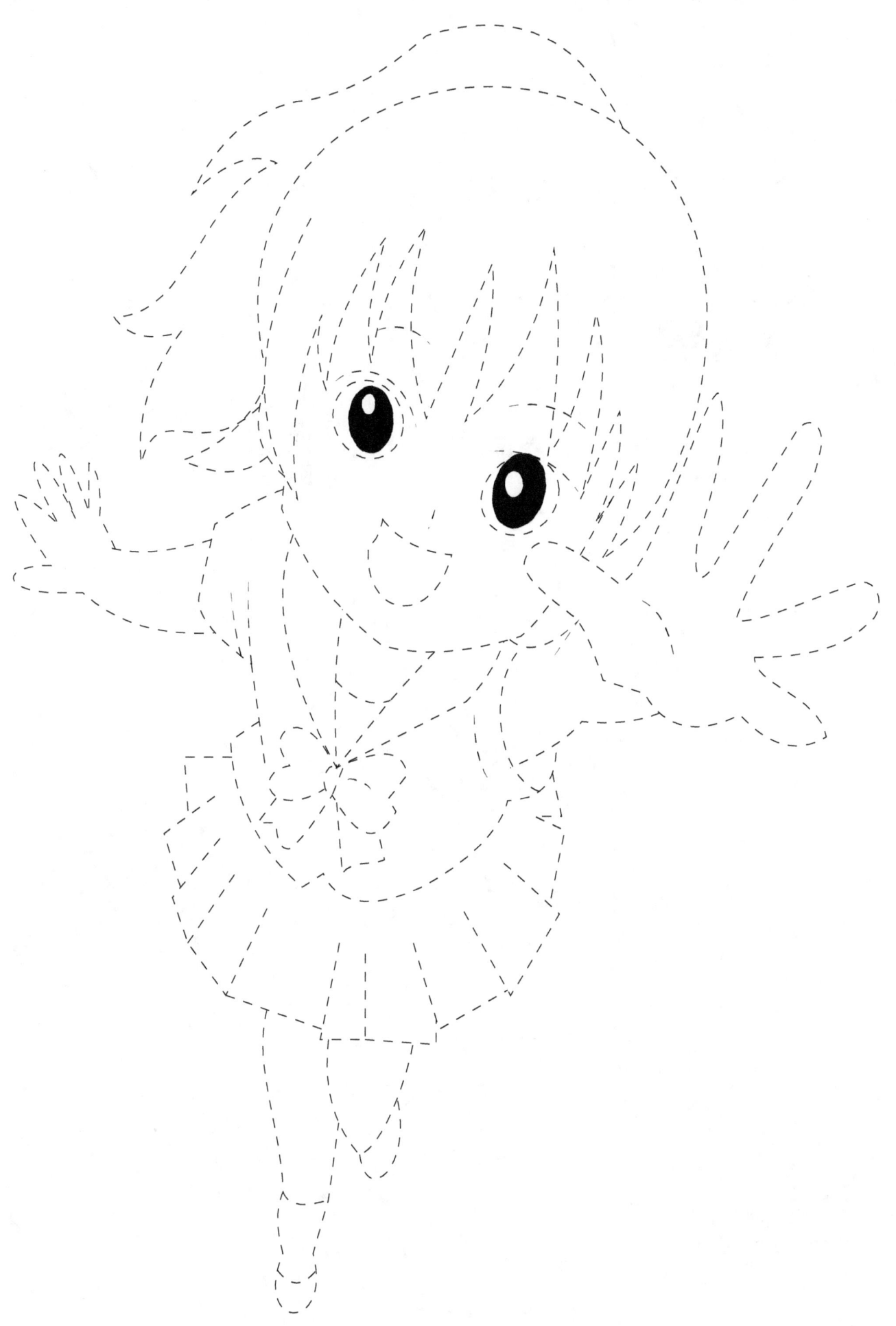

www.ingramcontent.com/pod-product-compliance
Lightning Source LLC
Chambersburg PA
CBHW080514220526
45465CB00006B/2475